für A[illegible] [illegible]

[illegible]

Franz Jantsch

DIE FASZINATION DER HÖHLE

Franz Jantsch

DIE FASZINATION DER HÖHLE

freya VERLAG

WEIHUNG DER MARIENGROTTE IN HINTERBRÜHL
OKTOBER 2002

ISBN 3-902134-40-2

verlag freya
www.freya.at

Lektorat: Dr. Anna Jungreithmayr
Cover & Layout: Wolf Ruzicka
Fotos: Franz Jantsch, F. Karl, Wolf Ruzicka
Druck: Inpress

INHALT

Höhlen 7
Die Faszination der Höhle 14
Die Prozession 18
Initiation 19
  Hinterbrühl 19
Die Wallfahrt und das Wunder 21
  Die Verehrung Mariens im Volksbrauch 23
  Maria Taferl 29
  Engelsprozessionen nach Maria Taferl 30
Was haben Bäume mit Höhlen zu tun? 33
Inkubation 34
Die Brühl 35
  Die Kirche von Mödling 38
  Weissenbach 39
Krypten 40
Sagen aus Hinterbrühl 42
  Die Schädelmühle 42
  Der Teufelsstein 43
  Der Hexensitz 44
  Die Nonnenwiese 44
Sagen und Märchen 44
  Klagemauer 46
  Was steht uns noch bevor? 47
Höhlen und Quellen der Bibel im Heiligen Land 48
  Die Jordanquellen 49
  Qumran 51
  En Gedi 52
  Jericho 54
Kult-Kultur 55
Braucht der Mensch Rituale? 57
Bedeutende Heiligtümer unserer Heimat 58
  Gurk 58
  Der Hemmaberg 59
  Der Magdalensberg 60

Die Tischofer Höhle 60
Berg Litzl 61
Säusenstein 62
Maria Waldrast 63
Über Gold 64
Besuch unserer Grotte 65
Über die Träume 65
Weisende Träume 66
Pilgerschaft in der Bibel 68
Märchen vom lieben Gott 69
Die Reue des Räubers 72
Zeichen am Wege 75
Unser Weg zur Höhle 78
Höhlen im Wienerwald 80
Weitere Höhlen in Niederösterreich 83
Geschichten vom Rabbi 86
Die Kirchen leeren sich 87
Die Säkularisation 88
Chancen des Christentums 94

HÖHLEN

Mariengrotte in Hinterbrühl, Foto: F. Karl

Höhlen ziehen an und machen Angst. Die einen fühlen sich darin geborgen, die anderen meiden sie. Wir haben in unserem Land zahllose Höhlen. Durch Jahrtausende benutzten sie die Menschen nicht nur als Wohnung, sondern auch als Kultstätte. In den berühmten französischen Höhlen gibt es Malereien, die mehr als 20.000 Jahre alt sind, deren Deutung umstritten ist.

Sollte das Leben und die Jagd dadurch magisch beeinflusst werden oder war es ein Kultplatz? Warum hat der Schamane das Tierfell umgehängt? Ist es Bitte, Dank, Beschwörung, Zauber oder alles zugleich? Wir wissen es nicht.

Die ältesten Höhlen mit Spuren menschlicher Kultur befinden sich in Österreich an der Krems und sind mehr als 100.000 Jahre alt. Die älteste Höhle in Niederösterreich ist die Gudenushöhle bei Hartenstein.

Es ist bezeichnend, dass in der Nähe von heiligen Stätten oft Höhlen zu finden sind, etwa die Graslhöhle in Dreieichen. In der Brühl gibt es eine kleine Höhle unter dem Hexensitz, auf der gegenüberliegenden Talseite steht das Weiße Kreuz, darunter ist eine kleine Höhle. Das Prinzip der Entsprechung von oberirdischen und unterirdischen Kultstätten findet sich auch in den späteren Krypten.

Teufelsloch, Teufelshöhle, Hexensitz, Höllengrotte, Drachenloch, diese und viele ähnliche Bezeichnungen erhielten Höhlen von Leuten, die in ihrer unmittelbaren Nachbarschaft lebten. Sie zeigen die widerstreitenden Gefühle der Menschen: Furcht und Beklemmung, aber auch Sinn für die Bedeutung und Mystik dieser Räume im Erdinneren.

Wo immer es Höhlen gibt, gibt es Legenden und Sagen, Märchen und abergläubische Vorstellungen. In der römischen Mythologie wurden Höhlen und Öffnungen ins Erdinnere als Wohnplätze von Göttern gesehen, in Griechenland wurden sie als Plätze benutzt, an denen Orakel verkündet wurden, und einige wurden als Eingang in die Unterwelt gedeutet. Märchen bevölkern Höhlen mit Riesen, Zwergen und Ungeheuern.

Elfenhöhle, Einöd

Was zieht uns zur Höhle? Was fühlen und erleben wir? Wir denken nicht darüber nach, es ist auch nicht notwendig. Es erhebt uns, schon der Weg, zumal wenn wir ihn schweigend gehen, wie es angeraten wird. Jeder Aufstieg auf einen Berg bedeutet eine Erhöhung. Wenn wir vor der Höhle stehen, freuen wir uns, treten hinein, setzen uns nieder oder bleiben stehen und warten, was kommt. »Dem Wartenden geschieht immer etwas«, sagt Rilke. Es fällt ihm zu, es berührt ihn, es rührt ihn. Manche macht es nachdenklich, einigen gibt es Ruhe, man braucht gar nicht zu beten. Dasselbe gilt von allen Höhlen, zumal wenn sie alten Ursprungs sind. Unsere Grotte hielten wir zuerst für einen Unterstand, wo Bauern Kalk abschlugen, brannten und in der Stadt zum Häuserbauen verkauften.

Kultweg zur Mariengrotte, Hinterbrühl

Wir befinden uns an einem besonderen Punkt. Wenn wir über die Höhle zur Wiese hinaustreten, sehen wir gegenüber den Schweinzerberg, den Schalenstein, wo die Opfer geschlachtet wurden, darüber den altarartigen Steinblock, den die Wurzel einer Föhre umschlingt, wo das Opfer für die Götter dargebracht wurde. Wenn wir nach links blicken, sehen wir den Schwarzkogel mit einem steil aufragenden Felsen, der oben wie ein Tisch abgeplattet ist, wieder eine Opferstätte, und die vielen anderen bis hinaus zum Kalenderberg, der einer ganzen Kultur den Namen gegeben hat.

Höhlen gibt es auf der ganzen Welt. Sie sind entweder durch die Erdbewegung oder durch Ausschwemmung entstanden. In der Seegrotte in Hinterbrühl wurde Gips gefunden und das Wasser wurde zu einem See gestaut und dann in den Bach abgeleitet. Die Seegrotte ist größer, umfangreicher, schöner. Kaum jemand denkt oder weiß, dass hier KZler geschunden wurden und gestorben sind. Kaum einer hat die Seegrotte besucht und geht dann auf den KZ-Platz. Nur die Nachkommen und etliche noch lebende KZler kommen zur Feier, die wir zu bestimmten Zeiten abhalten. Ich habe viele Freunde und Fremde gefragt, ob sie zufrieden waren beim Besuch der Seegrotte. Alle bejahten es. Das Geheimnis der Höhle besteht darin, dass der Mensch ergriffen ist von der Dunkelheit in diesem riesigen gewaltigen Raum. Besitzer und Pächter haben das richtige Gefühl, dass sie ab und zu große Barbara-Feiern und Messen im ausgedehntesten und, schönsten gewölbten unterirdischen Saal abhalten. Auch wir gehen mit wenigen Leuten, und weil es nicht bekannt ist, mit bangen Gefühlen hinein und bei uns ist das religiöse Interesse größer.

Warum gibt es so viele heilige Grotten? Man denke nur an Lourdes, wo Millionen Menschen hinpilgern, wo in der Grotte Maria den Kindern erschienen ist.

In anderen Ländern und zu anderen Zeiten ist Ähnliches geschehen.

Zeus, der oberste Gott, wurde nach der Sage in einer Höhle auf der Insel Kreta geboren und dann versteckt, um ihn vor der Rache der Hera zu verbergen. Am Fuß dieses Berges liegt Knossos mit dem Palast und dem berühmten Labyrinth, von dem die Sage geht, dass dort Minotaurus, ein Ungeheuer, halb Mensch, halb Stier, eingeschlossen war. Die Athener waren nach einer Niederlage verpflichtet, jedes Jahr sieben Jünglinge und sieben Jungfrauen zu schicken, die das Ungeheuer fraß. Theseus war der Sohn des Königs von Athen und erbat sich vom Vater die Erlaubnis, an die Stelle eines Jünglings zu treten. Nachdem er ein heiliges Schwert erhalten hatte, durfte er ziehen. In Kreta empfing ihn der König, um ihn in die Höhle als Opfer zu schicken. Seine Tochter Ariadne verliebte sich in Theseus und gab ihm heimlich eine Rolle Garn, damit er sie aufrolle und so den Weg zurückfinde, wenn er das Ungeheuer getötet hätte. Das geschah auch.

Tempel, Lockenhaus

Es geht immer um Leben und Tod, Angst und Befreiung. Der Held muss sich bewähren, auch wir müssen uns bewähren, wie es uns die Märchen sagen, die nicht nur für Kinder geschrieben wurden, sondern für Erwachsene. Drewermann deutet alle Märchen so. Dornröschen ist ein uralter Mythos mit einer Botschaft: Der Held muss ausziehen, um Abenteuer zu bestehen, er muss Ungeheuern begegnen und Rätsel lösen.

Die eleusinischen Mysterien wurden durch tausend Jahre gefeiert und dauerten zehn Tage. Die Griechen hatten nur offene Tempel. Vom Fuß der Akropolis zog die Schar der Pilger ans Meer, einen Weg von einundzwanzig Kilometer. Dabei

wurden verschiedene Stationen gemacht, ernste, aber auch lustige. Dort mussten die Pilger das Opfertier, ein Ferkel, das jeder mitbringen musste, waschen. Die letzten Tage verbrachten sie in einem erweiterten, höhlenartigen Raum. Was dann geschah, weiß man nicht. Von den ersten Christen wissen wir, dass sie Erscheinungen von Göttern hatten. Die Sagen verraten mehr. Man hat um Kore, die Tochter der Erdmutter getrauert, die in die Unterwelt entführt worden war. Demeter zwang Zeus, die Erde unfruchtbar zu machen, solange ihr Kind im Inneren des Berges schmachtete. Man einigte sich, dass im Winter das Mädchen bei Poseidon war, im Frühjahr aber, wenn das Fest gefeiert wurde, kam Demeter wieder auf die Erde und brachte die Frucht. Die Deutung ist einfach: Wieder geht es um Tod und Leben, Auferstehung, Fruchtbarkeit und Vegetation. Und es geht uns ebenso an, wenn wir an unsere Höhle denken.

Mariengrotte, Hinterbrühl

Die Höhlen dienten als Wohnung für Menschen und Tiere. Zeitweise trieben Bären, die die Höhlen zum Winterschlaf brauchten, die Menschen hinaus.

Die Höhle schützt, aber man fürchtet sich auch vor ihr. Wenn ein Feind kommt, ist man eingeschlossen. Vielfach zogen es die Menschen vor, unter den überhängenden Felsen, Abri, zu siedeln. Das waren starke Plätze, weil sie dort

Kultriten feierten, wie Funde beweisen. Viele Höhlen, wie die in Lascaux, sind bemalt an Wänden und Decken.

Wenn wir eine Messe oder eine Andacht in der Höhle halten, wird sie stärker auf uns wirken als draußen auf dem Platz. In Lourdes steht für die Prozessionen die Höhle bereit. Wer eine Kerzenprozession in der Nacht mitgemacht hat, mit dem endlosen scheinenden Gesang »Ave Maria«, wird es nie vergessen.

Auch bei uns ist ein Überhang. Auf der Wiese hinter der Grotte ist der stärkste Platz, wie mehrere Rutengeher festgestellt haben. Sie haben auch Instrumente gefragt, welcher der ideale Weg sei. Er beginnt neben der Straße unten am Bach und führt parallel zur Straße über einen schmalen Pfad, vorbei an der Eiche zum Steinblock, an dem wir eine Station machen und mit dem Schweigen beginnen, das die Tafel anzeigt. Er führt weiter zur Grotte, bleibt aber nicht bei dieser, sondern geht hinauf zur Wiese zum Überhang. Wir werden keine Passionsspiele halten wie in Oberammergau, wir werden es wie in Olympia tun, wo ursprünglich nicht nur Sport betrieben, sondern musische Veranstaltungen und sogar Komödien aufgeführt wurden.

Zu der größten und beliebtesten Kultstätte auf dem Peloponnes, Epidaurus, kamen Kurgäste wie Pilger, wurden von den Priestern empfangen, beraten und begleitet. Diese waren Pfleger, Ärzte, Psychiater und Priester zugleich. Ein eigener Raum war bereitgestellt, der als Gymnasium bezeichnet wurde, Heilanstalten, wo die Gäste, die aus ganz Griechenland und darüber hinaus kamen, körperlich und seelisch auf weitere Zeremonien vorbereitet wurden. Geheilt, gestärkt und getröstet zogen die Pilger wieder nach Hause.

Unsere Pilger gehen von zu Hause weg zu Fuß nach Mariazell. Vom Gießhübl führt ebenso ein Weg dorthin wie von vielen anderen Orten. Sternförmig kommen die Pilger zu bestimmten Zeiten von allen Seiten. Ermüdet, aber begeistert, ziehen sie empfangen vom Priester und unter dem Geläut von Glocken in die Kirche. Die Priester wagen

Kultweg

es nicht mehr, die Leute seelisch vorzubereiten. Früher ging jeder in Mariazell zur Beichte. Heute geht man zum Psychiater.

Warum nahmen die Priester nie, oder fast nie, an Wallfahrten teil? Sie sahen zu viele abergläubische Elemente in der Volksreligion. Ihren Dienst übernahmen die so genannten Vorbeter. Diese machten jahrelang Wallfahrten mit, kannten alle Wege. Man beschenkte sie mit Nahrungsmitteln und bat sie um ein Gebet in Mariazell. In St. Sebastian, eine Wegstunde vor Mariazell, sammelten sich die Pilger, reinigten sich, die Jungfrauen zogen weiße Kleider an und trugen eine Statue der Muttergottes auf ihren Schultern. Der Priester kam ihnen mit Ministranten und Fahnen entgegen und unter Glockengeläut zogen sie in die Kirche ein. Wenn die Pilger in die Heimatorte zurückkamen, zog ihnen der Pfarrer entgegen und begrüßte sie.

Heute spricht man in der Theologie von Kontextualität, das heißt, die Kirche muss sich der Zeit und den Menschen anpassen. Die fremde, kalte, uralte römische Liturgie ist für uns religiöse Fremdsprache. Die Kirche hätte allen Grund, die Fehler der Vergangenheit aufzuarbeiten und Elemente der vergangenen, bereits fast getöteten Volksliturgie aufzunehmen. Dies gilt nicht nur für die Bauern, die schon absterben, sondern auch für die Städter.

DIE FASZINATION DER HÖHLE

Das Thema ist im umfassenden Sinn zu verstehen. Wir gehen aus von einer Kulthöhle, aber wir können nicht mit Sicherheit sagen, dass es eine war. Aber, wenn sie keine sein sollte, dann wird sie eine. Der große Denker Martin Heidegger hat einmal gesagt, wo viel gebetet wird, da ist das Göttliche nahe. In unserer Grotte ist schon viel gebetet worden und die Strahlung zeigt es an.

Der Ursprung der Höhlen kann verschieden sein. Höhlen entstehen durch Verwerfung oder durch Aushöhlung durch Wasser. Wasserhöhlen sind die häufigsten. Das Wasser löst die leichten Bestandteile und schwemmt sie fort. Das geschieht sowohl im Inneren der Erde als auch an den Küsten. Gipshöhlen, Höhlen mit Sand und Kalk, Dolomit usw. kommen vor. Die Formen der Höhlen sind verschieden, sie sind lang gestreckt wie Tunnels, größer oder kleiner, manche haben das Ausmaß einer Kathedrale. Man unterscheidet Tropfsteinhöhlen von Eishöhlen, wo durch die Sonnenerwärmung das Eis schmilzt und dann wieder gefriert.

Es gibt eine eigene Wissenschaft, die sich mit der Höhlenforschung beschäftigt, aber auch Geologie, Geografie, Klimaforschung, Botanik, selbst der Kult hat damit zu tun. Künstliche Höhlen sind Bergwerke und Steinbrüche.

Die Menschen haben schon frühzeitig Höhlen verwendet, um Schutz zu finden und dort zu wohnen. Es gibt Grab- und Kulthöhlen. Der Mensch der Vorzeit hat sie zeitweise als Obdach verwendet, wie Siedlungsrelikte beweisen.

Vogelherdhöhle bei Niederstotzingen (Kreis Heidenheim): Es sind elf Tierminiaturen aus Knochen und Elfenbein gefunden worden, deren Alter auf 30.000 bis 32.000 Jahre geschätzt wird.

Berühmt sind die Höhlen mit Felszeichnungen, die aus der jüngeren Altsteinzeit stammen. Die Höhle wurde auch als Geburtsort und Aufenthaltsraum von Göttern heilbringend erkannt, wie auf Kreta. Auch Bestattungen sind dort vorgekommen. Man hat nicht nur natürliche Höhlen benützt, sondern auch welche geschaffen, wie in Ägypten. Der griechische Philosoph Plato verwendete für seine Philosophie gerne Mythen oder Bilder aus der Natur. Um seine Erkenntnislehre verständlich zu machen, sagte er, der Mensch nehme nur die Schatten

an der Rückwand einer Höhle wahr und halte sie für wirklich, obgleich sie nur Abbild von Gegenständen außerhalb der Höhle sind. Aber auch diese wären nur Abbilder der Idee. Von dieser Welt der Abbilder und des Scheines muss der Mensch befreit werden, um das wahre Sein zu erkennen. Dies sei die Aufgabe für die Zukunft.

Die Höhlen wurden später immer größer, es wurden Klöster und Kirchen hineingebaut, Höhlentempel, die aus dem 3. Jahrhundert v. Chr. bis zum 8. Jahrhundert als solche bekannt sind.

Für uns ist die psychologische, seelische und spirituelle Bedeutung der Höhle wichtig. Nicht jeder fühlt sich wohl, mancher hat Angst und je tiefer und dunkler die Höhle ist, umso größer ist ihre Kraft. In Unken gibt es eine große Kulthöhle, man fand Felsbilder in großer Tiefe und an fast unzugänglichen Stellen. Man weiß nicht, warum sie angebracht worden sind. Praktischen Zweck hatten sie keine. Vielleicht wurden sie zu bestimmten Riten verwendet.

Klöster und Mönche hat es lange vor dem Christentum gegeben. Zuerst lebten sie als Einsiedler und dann bildeten sie Gemeinschaften, zogen sich aber immer wieder zurück in höhlenähnliche Grotten, wie es etwa Franz von Assisi tat.

DIE PROZESSION

Zur Prozession gehört der Prozessionsweg. Sie war schon in vorchristlicher Zeit üblich. Wir glauben immer, es muss ununterbrochen gesungen, gebetet oder mit der Glocke geläutet werden. Die Russen sagen ganz nüchtern: »Wenn einer nur mitgeht und nichts tut, nimmt er schon teil, wird des Segens und der Gnade des Platzes teilhaftig.« Wir haben einen sehr schönen, aber kurzen Weg zu unserer Waldandacht. Er wird von Gruppen und Einzelnen schweigend gegangen. Die Tafellaufschrift: »Schweigen im Walde« ist ein Zitat von Goethe in einem seiner schönsten Gedichte, das er beim Besuch eines Berges geschrieben hat:

Bilder Seite 16 und 17: Kultweg und Mariengrotte, Hinterbrühl

»Über allen Wipfeln ist Ruh, auf allen Gipfeln spürest du kaum einen Hauch. Warte nur, balde, ruhest du auch.«

Ein Mann unserer Gemeinde war in russischer Gefangenschaft einem Bauern als Knecht zugeteilt. Auf dem Weg in den Wald plauderten und lachten sie. Eine alte Frau hieß alle zu schweigen, damit sie nicht die Geister des Waldes störten. Schweigen war und ist immer wichtig.

INITIATION

Das heißt Weihe und spielt heute noch bei den Naturvölkern eine große Rolle. Bei den Initiationsfeiern werden die Knaben abseits untergebracht, werden eingeführt in das Leben der Erwachsenen als Krieger, werden aber auch in die Riten und Gebräuche des Stammes eingewiesen. Sie müssen schwere Prüfungen bestehen, wobei Eltern und Verwandte zuschauen. Wer das überstanden hat, wird bejubelt und bekränzt und als Vollmitglied in den Stamm eingegliedert. Viele – vor allem in Afrika – werden tätowiert.

Wir wenden uns jetzt einem Beispiel für einen Kultbezirk zu, der uns nahe liegend ist.

HINTERBRÜHL

In Hinterbrühl gibt es einen Hundskogel. Nach einer Sage haben schwarze Hunde auf dem Dreistundenweg, der von der Goldenen Stiege zum Hexensitz führt, Frauen erschreckt. Wenn wir die Wissenschaft fragen, hat der Hund eine doppelte Rolle in der Mythologie. Einmal ist er der Aasfresser, der alles Unreine in sich aufnimmt, andererseits erscheint er im Gefolge der Hekade, einer kleinasiatischen Göttin, die die Toten in die Unterwelt begleitet. Manchmal gilt er als Begleiter der Toten, wie auf dem Grabstein eines Ritters in der Kirche von Heiligenkreuz, wo man ihn zu Füßen desselben sieht. In Ägypten ist der Hund dem Totengott beigegeben. Im Parsismus wird jemand, der einen Hund tötet, schwerstens bestraft.

Wenn der Hund mit der Frau in Verbindung gebracht wird, erinnert er an die Hunde der Hexe und hat vielleicht mit dem Hexensitz zu tun, wo er Hexen begleitet oder vertreibt. Das Tabu des Platzes und des Weges wird damit angedeutet. Diese Gegend gehört zum Komplex des Schwarzkogels in der Nähe der Höldrichsmühle. Die Straße nach Heiligenkreuz macht von der Höhle aus einen breiten Bogen und hat einen ebenen Platz geschaffen, der früher nicht, jetzt aber in zunehmendem Maße verbaut wird. Wenn man den markierten Weg parallel zur Straße entlanggeht sieht man in einem Garten einen großen Steinkreis mit Steinsitzen, der erst in letzter Zeit errichtet wurde. Es gibt eine Feuerstelle und Wasser und er dient sicher zu Kultzwecken. Es mag Zufall sein, dass dieser Platz unterhalb des Hexensitzes liegt.

Hinterbrühl liegt in einem Graben, neben Gießhübl. Gießhübl hieß früher Gaishübl und Gais bedeutet so viel wie heilig. Am höchsten Punkt ist die Gießhübler-Heide, wo bis vor kurzem noch das Vieh geweidet hat. Hübl bedeutet Hügel, ein heiliger Hügel, ein alter Kultplatz. Aber nach alter Überlieferung ist der Gaishübl eine Erhebung auf der Kuhweide mit einem wunderbaren Blick über die Wiener Ebene, ein strategisch wichtiger Platz.

Der Höllenstein bei Hinterbrühl

Zu Kultplätzen gehört im Idealfall ein Baum, ein Stein, eine Quelle oder ein Berg. Wir können viele Plätze nach diesem Gesichtspunkt untersuchen. Bleiben wir bei unserer Mariengrotte.

Vor der Höhle steht ein auffälliger Baum, eine Föhre, die mit einem starken Stamm gerade in die Höhe wächst und sich dann in drei gleichmäßige Stämme teilt, die erst weiter oben die Äste und Zweige haben. Bäume von solcher Gestalt, oder wenn sie verkrümmt sind, eine merkwürdige Form haben, deuten immer einen starken Platz an.

Die Kulthöhle gehört zur ehemaligen Gemeinde Weissenbach. Weissenbach ist eine alte Siedlung und an einem Bach gelegen, der aus dem Gebirge kommt. Zwischen der Kapelle und der Autobahn ist noch eine zum Glück große freie Fläche mit Feldern. Eine wichtige Entdeckung und Erleichterung für die Archäologie war es, dass Flieger Luftaufnahmen machten und so das Land vermessen konnten. Diese Pläne kamen auch den Archäologen zugute, sie studierten sie und merkten, dass auf der Oberfläche bestimmte regelmäßige Zeichen zu erkennen waren. Auffällig waren Verfärbungen in Kreuz- oder quadratischer Form. Man nahm an, dass etwas verborgen sei, und begann zu graben; nicht bei uns, sondern in Bayern, wo schon früher Wallanlagen waren. Dieser Platz glich genau dem Grundriss des berühmten Zeusaltheiligtumes in Dodona in Griechenland in der Nähe von Delphi. Bei den bayerischen Anlagen weidete meistens das Vieh. Zurzeit gibt es in Österreich etwa fünfzig als Wallanlagen erkennbare Plätze. Sie wurden nur zum Teil angegraben. Bekannt wurde der Kreisgraben in Falkenstein im Weinviertel. Weitab vom Dorf, westlich von der Burgruine ist ein großer Wald mit einer sehr schönen Kreisanlage, die ausgegraben und dokumentiert worden ist. Im nahen Museum ist das alles zu besichtigen. Eine andere befindet sich in Fibritz in der Nähe von Mistelbach.

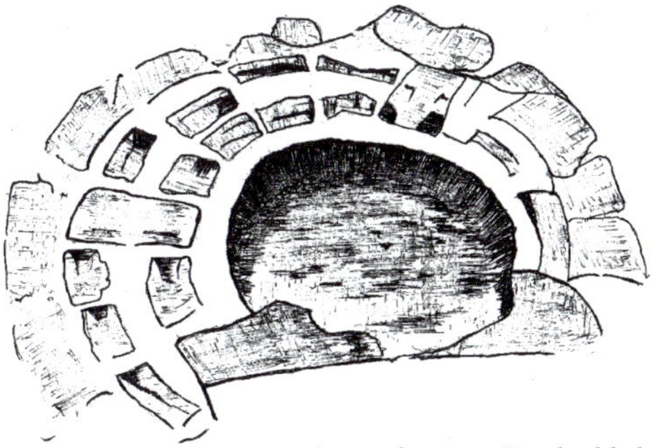

Ausgrabungen, Perchtoldsdorf

In Bayern vermutete man, dass es Viehpferche sind oder Verteidigungsanlagen. Manche deuteten es als Kultanlage. Die schönste dieser Anlagen hat Dr. Talaa in Perchtoldsdorf in der Nähe der Eisenbahn ausgegraben. Nach der Dokumentation wurde sie wieder zugeschüttet, weil es sich um kostbares Bauland handelt.

DIE WALLFAHRT UND DAS WUNDER

Es heißt, das Wunder ist des Glaubens liebstes Kind, und die Kirchengeschichte und die Heiligenbiografien sind voll davon. Zur Heiligsprechung ist ein heiligmäßiges Leben, aber auch ein Wunder erforderlich. Ursprünglich gab es sie nicht. Die Apostel und alle Märtyrer wurden als Heilige vom Volk erkoren und von der Kirche, die damals demokratischer war, angenommen. Auch heute noch gilt der Grundsatz, dass nur jene Glaubenslehren auf die Dauer gelten, die vom Volk angenommen werden. Die Regel lautet so: Katholisch ist, was von allen geglaubt und gelebt wird. Die Kirche ist nicht Papst, Bischöfe und Priester, sondern das ganze gläubige Volk.

Somit ist die katholische Kirche nicht eng, sondern weit. Katholisch heißt so viel wie alle. Viele Wunder sind an den Marienkirchen, zumal Wallfahrtsorten geschehen. Was ist ein Wunder? Ganz allgemein kann man sagen, etwas, worüber man sich wundert. Also etwas Außerordentliches, das, modern ausgedrückt, nicht nach den Naturgesetzen erklärt werden kann. Wenn jemand blind ist und

auf sein Gebet oder Anrufungen der Muttergottes geheilt worden ist, dann kann der Prozess der Wunderheilung eingeleitet werden. Die Vorbereitungen sind umständlich und werden streng gehandhabt. Zuerst muss die bischöfliche Kommission Zeugnisse sammeln, Zeugen einvernehmen und alles schriftlich niederlegen. Dieses Material wird nach Rom zu einer eigenen Kommission geschickt, die alle Argumente dafür und dagegen sorgfältig untersucht. Als Vorstufe gilt die Seligsprechung. Die Heiligsprechung erfolgt später, vor allem ist außer einem tugendhaften Leben wenigstens ein Wunder Voraussetzung. Meistens handelt es sich um eine Heilung. Eine Ärztekommission untersucht den Fall und stellt nach strenger Prüfung fest, dass diese Heilung auf natürliche Weise nicht möglich war. Dann verkündet der Papst auf dem Petersplatz vor den versammelten Massen die Heiligsprechung. Dabei wird ein großer Teppich mit dem Bild des Heiligen entrollt. Unter Jubel wird dann der Heilige für die ganze Kirche zur Verehrung freigegeben und erhält eine eigene Kirche. Man kann zu ihm beten, ihn um Hilfe anflehen; er wird verehrt, nicht angebetet. Auch Maria ist nur eine Heilige, aber sie wird am meisten von allen Heiligen verehrt, als Königin der Heiligen. Ihr wird von der Kirche besondere Verehrung zuteil. Die schönsten und auch ältesten Gebete sind der Rosenkranz und die Lauretanische Litanei. Die Lieder, die zu ihr in allen Sprachen gebetet und gesungen werden, sind zahllos. Der Grund warum sich das Volk zu Maria wendet, ist, weil sie als Mensch, Frau und Mutter erscheint. Niemals darf man von ihr sagen, dass sie Göttin oder göttlich sei. Goethe schloss seinen Faust mit folgendem Lobpreis: »Jungfrau, Mutter, Königin, Göttin, bleib uns gnädig.«

Bründl in Pulkau bei Retz

Bei den orthodoxen Christen wird Maria von alters her noch mehr verehrt als im Westen. Die erste offizielle Heiligsprechung geschah im 10. Jahrhundert, als der Bischof von Regensburg an der Spitze eines Heeres die Magyaren besiegte. Wir haben einen heiligen Leopold als Herzog von Österreich, einen König Ludwig und Karl den Großen. Dieser wurde heilig gesprochen, weil er als Karolinger um 800 vom Papst gekrönt worden ist. Ihm ist es als Erstem gelungen, Europa zu einigen. Das Römische Reich deutscher Nation währte wie das Römische Reich tausend Jahre. Das 1000-jährige Reich scheint ein mystischer Begriff zu sein, denn Hitler träumte davon, aber er erlebte es nicht. Der Ausdruck »1000-jähriges Reich« stammt aus der Geheimen Offenbarung.

Die Verehrung der Muttergottes begann im Osten um 313 nach dem Konzil von Ephesus, religionsgeschichtlich ist Maria die Nachfolgerin der großen weiblichen Gottheit östlicher Religionen. Der Kult Mariens verbreitete sich erst um das Jahr 1000 in unserer Gegend. Um diese Zeit wurde das Stift Göttweig gegründet.

DIE VEREHRUNG MARIENS IM VOLKSBRAUCH

Im Volksglauben nimmt Maria eine überragende Stellung ein, es gibt für sie mehr Kultstätten, Altäre und Kirchen als für alle anderen Heiligen zusammen. Ihr wurden und werden Opfer dargebracht, Bilder und Statuen füllen Kirchen und Landschaft, sie hilft den Kranken, beschützt die Reisenden, sie ist Helferin in allen Nöten, ihre Fahne wurde an der Spitze der Heere getragen. Die orthodoxen Russen trugen die heilige Ikone von Wladimir auf die Stadtmauer und besiegten nach ihren Anrufungen die Tataren. Die marianischen Kongregationen mussten einen feierlichen Eid ablegen und wurden damit für ihr ganzes Leben zu Marienkindern. Sie hatten ihre eigenen Andachten und Pflichten. Als Taufname wurde Maria oft verwendet, bei Knaben meist als Zweitname (Rainer Maria Rilke). Dieser hat in seiner religiösen Zeit wunderbare Gedichte über sie geschrieben. Ein Gedicht und Gebet zu Maria von Weinheber lautet: »Du Mutter von den Schmerzen«.

Die Muttergottesverehrung breitete sich früh im Süden Europas aus. Die Kelten sprachen Maria viele Wunder zu. Ihr Bild fand man beim Pflügen, Tiere fanden es und auf dem Untersberg steht die uralte hölzerne Kapelle mit dem rätselhaften, aber schönen Titel »Maria im Tier«, ein alter Pilgersteig zieht vorbei.

Zahlreiche Erscheinungen der heiligen Jungfrau wurden gemeldet. Berühmt ist Maria-Schnee mit eigenem Fest. Sie wird in Rom in einer der sieben großen Kathedralen, Maria Maggiore, verehrt. Im Mittelalter wurden zahlreiche Haupt- und Nebenfeste Mariens gefeiert, besonders dort, wo sie Kirchenpatronin war. Zahllose Bilder und Statuen weisen in der Kunst auf das Herz Mariens hin, fast überall am Lande hängt eine Darstellung in der Herrgottsecke.

Die Bilder und Symbole sind zeitgebunden. In den alten Bildern wurden Jesus und Maria dargestellt, wie man sich damals trug. Im Mittelalter passte man sich wieder an, ebenso in der Neuzeit, wo es schon fraglich wurde. Einerseits ein enormer Kitsch, andererseits Übertreibung und Verspottung. Zu Letzterem muss das Bild benannt werden, wo eine erzürnte Frau einen nackten Knaben übers Knie legt und schlägt.

Die typisch klassischen Darstellungen Mariens waren die als Mutter, Jungfrau und Mutter mit Kind auf dem Arm, auf den Knien, als Pietá, mit Sternen ums Haupt, mit der Schlange zu Füßen, nach der uralten Prophezeiung: Die Schlange wird dir, Eva, nachstellen und du wirst sie mit der Ferse zerschmettern. Maria als Mutter Jesu ist Werkzeug der Erlösung.

Maria ist Nachfolgerin der ersten Frau Eva, durch die die Sünde auf die Welt gekommen ist, von der Jesus uns unter Mitwirkung von Maria erlöst hat. Ein Titel von ihr ist »Mutter des Erlösers«. Gemeint ist mit dem Bild vom Herzen Mariens, dass sie gelebt hat mit uns und mit Jesus gelitten hat. Neu ist der Titel von Maria als Mittlerin aller Gnaden.

Jeder Gnadenort hat seine eigenen Bilder, man spricht von der Mariazeller-Maria und nennt sie Mater Austriae, Mutter von Österreich. Gemeint ist die alte österreichisch-ungarische Monarchie. Die Entscheidung war von politischer Bedeutung, weil die Protestanten den Marienkult ablehnten, obwohl Luther Marienverehrer war. Im Protestantismus, der in unzählige Klein- und Großgruppen zerfällt, gibt es eine starke Verehrung Mariens. Ein Religionswissenschaftler wurde einmal gefragt, was im Protestantismus fehle, er antwortete: »Das weibliche Element.« Wir wissen, dass dies ein Rest der Erdmutter ist, die zeitweise über dem Patriarchismus stand und die weibliche Gottheit der männlichen vorzog. Erst nach der ersten großen Kulturrevolution kam das Patriarchat auf.

Paul Tillich sagte: »Es ist nur ein Gott und du sollst dir von ihm kein Bild machen.« Aber wir machen uns Bilder von Gott. Moses fragte vor dem Dornbusch Gott nach seinem Namen. Er antwortete ihm: »Jahwe«, was so viel heißt: Ich bin, der ich bin. Weil die Juden kein Futurum, keine Zukunftsform kennen, heißt das: »Ich bin immer der, der ich sein werde.« Gemeint ist damit das, was wir Erfahrung nennen, wie es von den Mystikern aller Zeiten betont worden ist, was auch mit den Aussagen »der aus sich Seiende« gemeint ist.

Aber wir wollen die Höhen der Theologie und der Mystik wieder verlassen und zum Volk zurückkehren.

Wir haben nur Bilder, Namen sind nicht Begriffe; Gott lässt sich nicht erkennen und begreifen, er übersteigt immer alles. Er ist transzendent, d. h. drüben, jenseits, über uns. Es bleibt nur, wie Paulus so schön sagt: »Glaube, Hoffnung und Liebe«. Johannes sagt wörtlich: »Gott ist die Liebe« und wir singen: Ubi caritas et amor deus ibi est. Wo die Güte und die Liebe wohnt, dort nur ist der Herr.

Unsere Marienstatue in der Grotte stellt Maria mit dem Kind dar. Es ist eine Plastik aus Lindenholz, geschnitzt von einem Dachdecker, der einmal vom Dach stürzte, aber überlebte. Ein schönes, rührendes, volkstümliches Votivbild, wie es viele ähnliche gibt. »Ich sehe dich in tausend Bildern.«

Wir kehren zum Marienbild des Volkes zurück. In der Barockzeit, die die Zeit der Gegenreformation war, wurden von den Jesuiten die Krönung Mariens, und Maria Himmelfahrt als Hochfeste gefeiert. Das ist die Zeit der Reife, der Ernte, die große Wende vom Sommer zum Herbst; mit Kräuter- und Blumenweihe ist es die Zeit der Wallfahrten. Die Wege nach den heiligen Stätten trauern nicht, sie freuen sich, weil von allen Seiten die Pilgerscharen zumeist zu Fuß nach langem, mühseligem Weg von weit her die alten Pilgerwege beleben, hinstrebend, hingezogen vom Geheimnis.

Einen Zusammenhang mit der Naturreligion zeigt Maria im Ährenkleid mit blauem Gewand und sternenübersät. Die schönste Marienkirche dieser Art ist die von Rankweil in Vorarlberg, eine alte Burg, die zu einem Heiligtum geworden ist. Dass es sich um die Fortführung eines alten Kultplatzes handelt, erkennt man am Felsen mit den Eindrücken des heiligen Fridolin im Stein, wo sich jetzt noch Pilger hineinknien und beten. Im Osten kannte man im Mittelalter ähnliche Bilder, die von den Kreuzfahrern gebracht worden sind, wie das Bild von Strassengel bei Graz.

Zum Volkskult gehört auch das Herumtragen des Bildes oder der Statue, das so genannte Frauentragen. Bei Prozessionen werden gerne die Muttergottesstatuen von auserwählten Jungfrauen mitgetragen. Bei Marienbildern sind die Farben Blau und Weiß auch auf Fahnen und Bändern. Wichtig sind Reliquien, Medaillen, etwa von der Immerwährenden Hilfe, Bildchen und Fahnen. In Mariazell erhielten die unfruchtbaren Frauen bedruckte Zettel, die man Esszettel nannte. Man konnte sie abschneiden und verschlucken. Maria sollte bei der Geburt helfen. Als Naturalien wurden Kerzen im Gewicht der Kranken gebracht oder Kerzenfäden mit dem Leibesumfang der Schwangeren. Maria ist die Patronin von Müttern und Gebärenden. Wenn eine Frau im Wochenbett stirbt, darf sie drei Tage mit der Muttergottes umgehen.

In Prozessionen zog man aufs Feld hinaus zu Muttergottesstatuen und Mariaquellen, Bäume und Brunnen tragen ihren Namen.

Kirche in Rankweil, Vorarlberg

Es gibt zahlreiche Legenden von der Muttergottes. Die ältesten Stellen sind sogenannte Apokryphen, also Schriften aus der Zeit bald nach dem Tode Mariens, die über die so genannte Entschlafung Mariens entstanden sind. Sie heißt so, da die Apostel, die sich auf der ganzen Welt zerstreuten, von überall her zum Sterben Mariens gekommen waren und an ihrem Sterbebett beteten. Sie ist die große Begleiterin der Menschen, sie ist die Totenführerin. Wie es so schön in einem Nachsatz heißt: Bitte für uns in der Stunde unseres Todes, Amen.

In einer Legende ist Maria die Helferin der armen Seelen im Fegefeuer, weil sie bereit ist, wenn nur eine von ihnen nicht in den Himmel kommt, sie zu vertreten, gleichsam Gott durch ihre Liebe und Demut zu bezwingen. Liturgisch in der Messe und im Brevier ist der Samstag, wenn nicht ein anderes Fest auf das Datum fällt, der Muttergottes geweiht. Als Kolumbus seine Fahrt in das unbekannte Dunkel unternahm und Amerika entdeckte, stellte er sich in den Schutz Mariens und nannte sein Schiff »Santa Maria«.

Bekannt ist das Lied: »Maria durch ein Dornwald ging, da haben die Dornen Rosen getragen.« Nach einer anderen Legende heißt es, dass sich vor Maria, als sie den Weg nach Ägypten gegangen ist, die Bäume vor Ehrfurcht neigten. Maria war nie in Ägypten; diese Legende soll den Zusammenhang zeigen zwischen Moses, der das Volk aus der Verbannung führte und Jesus. In der Osterfeier der Juden wird dies wiederholt und ist ein Vorbild für das Letzte Abendmahl und die Eucharistiefeier.

Heute wird in der Kirche wieder mehr die Menschlichkeit Mariens betont, wie die ihres Sohnes. Man hilft sich seit Anfang an dadurch, indem man sagt, Jesus sei Gott und Mensch zugleich gewesen. Ein Paradoxon, ein Widerspruch, aber so ist es in der Religion wie in allen Dingen. Man kann nur in Widersprüchen, in Metaphern sprechen. Das Mysterium bleibt, das Geheimnis auch. Wir dürfen uns kein Bild von Gott machen.

Wallfahrtslied

Beim Einzug sang man:
O Maria, Königin, sei immer unsre Helferin,
verlass nicht deine Kinder, o Himmelskönigin.
Und beim Auszug:
Mit Trost und Freud ich von dir scheid,
liebste Mutter uns begleit.

MARIA TAFERL

Wir sprechen nun von einem konkreten Platz, einem der großen niederösterreichischen Wallfahrtsorte an der Donau.

Was ist in Maria Taferl das Wichtigste? Das Gnadenbild, der steinerne Tisch oder der Baum? Ich weiß es nicht. Wo der Taferltisch und der Baum standen, wissen wir nicht. Zum Stein zogen die Leute schon früher. Er lag auf vier Holzfüßen. Zu Ostern zog eine Prozession von Kleinpöchlarn auf den Auberg zum Täferl, auf dem man Speisen verzehrte, Wein und weißes Brot.

Das war schon Jahrhunderte vor Beginn der großen Wallfahrten. 1633, zur Zeit der Gegenreformation, wollte Thomas Pachmann die Eiche umhacken. Nach einer Legende wollte er ein paar Äste entfernen, dabei verwundete er sich. Als er aufblickte, sah er am Baum ein Kreuzbild. Nachdem er bereut und gebetet hatte, hörte die Wunde zu bluten auf. 1642 ließ der Richter Schinagl das schadhafte Kreuz durch eine Pietá ersetzen.

Der Stein stammt aus der heidnischen Zeit und man muss den Priestern dankbar sein, dass sie ihn nicht verworfen haben.

In der Nähe von Maria Taferl liegt das Dorf Bischofstein. Ich suchte einen Stein gleichen Namens. Auf Befragen erklärte ein Einwohner, dass er schon 30 Jahre hier wohne, aber nur von Alten gehört habe, dass hier auf seinem Grund ein Stein war, auf dem ein Bischof gesessen sei. Er wisse nicht, wohin er gekommen ist, nachdem er bei der Verbreiterung der Straße entfernt wurde.

Ich kenne den Platz schon viel länger und habe den Stein immer schmerzlich vermisst. Ich habe ihn mir auch liegend vorgestellt als Sitz. Der Bischof ist der heilige Wolfgang, der auch in St. Wolfgang am Wolfgangsee verehrt wird. Er war Bischof von Regensburg, musste aber auswandern, weil er auf Seite eines Nebenkaisers war. Er floh in die Besitzungen des Klosters in österreichisches Land. Wolfgang ist religionsgeschichtlich der wandernde Wotan. Als ich weiterfuhr Richtung Pöggstal, sah ich einen mannshohen Menhir, der als Marterl mit einem Kreuz und einer kleinen Marienstatue neben der Straße steht und zweifellos der Bischofsstein ist. Es ist schön, dass man ihn nicht verschwinden ließ, sondern ihn zu einem Kultstein machte.

In der Ortschaft Oberthalheim liegt vor dem Haus Nr. 3 bei Familie Stummer, beim Eingang zum Hof, ein mandelförmiger wohlgeformter Stein mit einer Breite von eineinhalb Meter, ebenso hoch und breit. Er dürfte auf der flachen Seite gelegen sein. Er wurde von unbekannten Arbeitern beim Straßenbau im Umkreis von Maria Taferl ausgegraben und die Frau Stummer, die eine Vorliebe für Steine hat, ließ ihn sich vor die Hoftüre legen. Er dürfte aus dem Kultraum um Maria Taferl sein und zum alten vorchristlichen Heiligtum gehören.

Weiter fuhr ich zu den Waldhäusln. Sie erinnern mich auch an die Waldhäuser am Dreisesselberg, wo Adalbert Stifter seinen Witiko geschrieben hat. Zwischen zwei Birken steht traurig ein eisernes Kreuz mit einem Stahlhelm. Zweifellos hat hier ein Kampf getobt zwischen Deutschen und Russen. Ein Soldat wurde an dieser Stelle begraben.

ENGELSPROZESSIONEN NACH MARIA TAFERL

Im Jahre 1651 begann die fast ganz verdorrte Eiche grüne Äste zu treiben. Vielleicht spürte der Baum die Kraft des wunderbaren Bildes und wollte sich auf seine Art auf die kommenden Ereignisse vorbereiten.

Es verbreiteten sich zuerst Gerüchte von gesehenen »Mirakeln« bei der Eiche und ein Mann behauptete, dass er am Ostermontag nahe der Eiche von einem »fließenden Fuße« (einer eiternden Fußwunde) geheilt worden sei. Besonders nach Ostern ereigneten sich beim Taferl eine Menge außerordentlicher Vorgänge, Stern- und Lichterscheinungen um das Bild, Prozessionen von Engeln, weiß gekleideten Personen und Kreuzträgern mit Fahnen und mehrere auffallende Heilungen und wunderbare Gebetserhörungen, welche die Aufmerksamkeit immer weiterer Kreise hierher lenkten und bald auch Wallfahrer anlockten. Über diese Vorgänge gibt es keine Zeugenaussagen, sie leben nur in der Legende und in Bildern weiter.

Mit einer Ausnahme: Ein Bauer befand sich im Sommer 1658 auf seinem Acker. Als er zufällig zum Taferl schaute, erblickte er einen schneeweißen Schein. »Der Schein war, wie wenn ein weißes Dach dort gewesen wäre in der Höhe der Bäume, schneeweiß, wie ein neues Schindeldach.«

Dass Engel den Menschen erscheinen und tatsächlich öfter erschienen sind, gehört zur Glaubenslehre der katholischen Religion. Gläubige auf Erden und Engel im Himmel gehören zur selben Gemeinschaft der Heiligen. Engel sind um das Heil der Menschen besorgt und haben den Auftrag, Menschen zu begleiten. Das tun sie durch Erleuchtungen und Einsprechungen; aber auch sinnlich wahrnehmbare Engelserscheinungen sind durchaus möglich und erfolgt. Das erzählt die Heilige Schrift des Alten wie des Neuen Bundes. Auch die Kirche und die Heiligengeschichte weiß von Engelserscheinungen zu berichten, besonders an manchen Wallfahrtsorten. Es handelt sich hier jedes Mal um Privatoffenbarungen und sie gehören damit nicht zum Glaubensgut.

Die wunderbaren Vorgänge von Maria Taferl wurden als Zeichen und Wunder angesprochen, die zur Erbauung der Menschen dienen. Die wunderbaren Erscheinungen und auffallenden Heilungen setzten sich aber fort. Am Sonntag, dem 27. April 1659 geschah die erste Engelswallfahrt nach Taferl, die von Zeugenaussagen bestätigt wird. Zwei Männer fuhren mit einer Zille die Donau herab nach Großpöchlarn. Da erblickten sie gegen vier Uhr früh eine merkwürdige Prozession, die vom Taferl herabging. Voran schritten drei Männer mit schneeweißen Fahnen, es folgten etwa zehn Knaben in weißen Chorröcken, hernach etwa zehn von größerer Gestalt. Ein anderer Mann sah eine Stunde später auch eine Prozession, die er eine Stunde lang beobachten konnte. Es überkam ihn eine große Furcht, weil er kaum hinschauen konnte wegen des Glanzes. Er beteuerte: »Es war gewiss keine Einbildung.«

Wallfahrtsbasilika, Maria Taferl, Niederöstereich

WAS HABEN BÄUME MIT HÖHLEN ZU TUN?

Zu den heiligen Plätzen gehören Höhlen, Quellen, Steine und Bäume wie z. B. in Dreieichen oder Maria Taferl. Hinterbrühl hat mehrere auffallende Bäume, wie sie immer an starken Plätzen stehen. Solche Bäume erkennt man schon von weitem. Er braucht im Tag, es ist schwer zu glauben, bis zu tausend Liter Wasser; er bekommt sie, weil er auf einer Wasserader steht.

So ein Baum steht in Weissenbach an der Hauptstraße, wo der Weg zur Kapelle mündet. Er ist riesig und ausladend und hatte bis vor etlichen Jahren ein Gegenüber, das ebenso mächtig war. Beide zusammen ragten auf wie ein Gebirge. Leider stand einer der Bäume nicht unter Denkmalschutz und wurde umgeschnitten. Hoffentlich bleibt uns der andere erhalten. Er wird uns alle überleben.

Überragende Bäume stehen in vielen Orten an starken Plätzen. In und über ihnen ist bessere und reinere Luft, man fühlt sich wohl und geborgen. Der Baum wurde neuerdings wieder als Lebewesen, als unser Bruder empfunden und viele haben zu ihm ein persönliches Verhältnis. Berühmt ist der Lindenbaum vor der Höldrichsmühle neben dem Brunnen. Leider gibt es den alten Baum nicht mehr, aber der neue an derselben Stelle wächst prächtig und sein Stamm ist so stark wie ein Mann. Alte Häuser wie die Höldrichsmühle stehen oft an starken Plätzen. Fließendes Wasser bringt Heil und es wird jetzt wieder in der Kirche verwendet. Die Höldrichsmühle ist etwa 500 Jahre alt und wurde im letzten Krieg zum Teil zerstört, aber der gewölbte Raum ein Stock darüber ist vom alten Bau geblieben. Die Höldrichsmühle, genannt nach einem früheren Besitzer, wurde in der Biedermeierzeit von Wienern gerne besucht. Nach der Überlieferung fand Franz Schubert hier den Text zum Lied: »Am Brunnen vor dem Tore, da steht ein Lindenbaum.« Er stammt von einem gewissen Müller. Schubert vertonte ihn und es wurde ein Volkslied. Der Baum wird im Text als Ruheplatz am Wasser angeredet. Weiter heißt es im Lied: Es zog in Freud und Leiden zu ihm mich immerfort ... Das Wort »ziehen« ist wichtig. Starke Plätze ziehen an, wo du dich wohl fühlst, kehrst du gerne zurück. Im Psalm heißt es so schön: »Du lässt mich ruhen am Wasserbecken, du führst mich zum grünen Auwald.« Von der Au sprechen die alten Hinterbrühler, wenn sie die Gegend um die Mündung des Weissenbaches meinen.

Wenn man der alten Pilgerstraße nach Mariazell weiter folgt, geht man ein Stück am Schwarzkogel vorbei. Unter diesem am Bach steht ein altes Marterl. Nachbarn zünden jeden Samstag ein Licht an. Daneben liegt das frühere Kloster der Kreuzschwestern, jetzt von der »Gemeinschaft der Seligpreisungen« bewohnt.

Leodagger, Heidbründl

INKUBATION

heißt so viel wie Tempelschlaf. Man sucht besondere, meist starke Plätze auf, um dort Offenbarung für sein Leben und seine Gesundheit zu empfangen. Man achtet auf die Träume und hofft auf Weisungen. Meistens waren Traumdeuter da, die Erfahrung besaßen. Wir denken an Sigmund Freud.

Berühmt ist das Heiligtum von Asklepios, einem griechischen Heilgott. Dessen Kult war 3000 v. Chr. von Epidaurus nach Rom übertragen worden. Sein Tempel stand auf der Tiberinsel. Weil er in der Gestalt der Schlange gekommen war, wurde der Schlangenstab sein Wahrzeichen. Er ist Symbol für Ärzte und Apotheker. Die Priester waren Heiler und Traumdeuter. Achte auf deine Träume!

Eines Tages erfuhr ich von einem Freund, dass er mit anderen in unserer Höhle die Nacht der Sonnenwende verbracht hat. Er wusste nichts vom Heilschlaf und dass es mit Gesundheit zu tun hat. Nächstes Mal, versprach er, werde er auf den Traum achten. Somit ist auch unsere Höhle oder Grotte zur Inkubation geeignet. Er erzählte, es sei auffällig, dass die Sonne an diesem Tag durch die Höhle genau dorthin strahlt, wo die Marienstatue stand.

Beim Tempelschlaf ist immer eine Höhle im Spiel. Eine uralte Legende handelt von den Siebenschläfern, sieben Jünglingen, die sich zur Zeit der letzten römischen Christenverfolgung zu ihrem Glauben bekannten und dafür bestraft werden sollten. Man sperrte sie ein, sie bekannten sich zu ihrem Glauben, beteten und flüchteten in eine Höhle. Der Kaiser befahl sie festzunehmen. Sie verbargen sich in einer Höhle, wurden eingemauert und die Höhle wurde mit Steinen verschlossen. Als der Kaiser Christ geworden war und die Mauern aufbrechen ließ, fand man die Jünglinge lebend vor. Sie gingen heraus in der Meinung, dass sie nur kurze Zeit geschlafen hätten. Ihre Namen kannte keiner mehr und sie fragten vergebens nach ihren Eltern und Verwandten. Der Kaiser erkannte das Wunder, kniete nieder und betete. Da sanken die Jünglinge tot um, wurden begraben und werden als Heilige verehrt.

Der Ort liegt in der Nähe von Ephesus, wo es die Höhle noch gibt und wo auch auf einem Hügel im Wald die kleine Kirche steht, die als Grab Mariens bezeichnet wird. Das zweite Mariengrab, nach der Annhme, das Maria in Jerusalem gestorben sein soll, ist das Grab am Fuße des Ölbergs unter dem Goldenen Tor. Man steigt viele Stufen hinab. Die Grabstelle ist unter einer Felsplatte, die die Pilger küssen. Eigentlich müssten sie durchkriechen, wie es bei uns beim Kult am Altar der heiligen Hemma in Kärnten heute noch geschieht.

Bei unseren Reisen nach Jerusalem sind wir beim Mariengrab oft und gerne verweilt. Der Platz ist beeindruckend und ehrwürdig.

Wir haben gehört, dass Heiligsprechungen nach der Anerkennung von Wundern geschehen. Die meisten sind Heilungswunder. Wir können Wunder ganz natürlich erklären, denn jeder Mensch hat Selbstheilungskräfte. Sie können auf verschiedene Weise gestärkt werden, etwa bei Muskeln und Gelenken, was man durch Medikamente, Massagen, Therapien, ja selbst durch Handauflegungen erreichen kann. Man kann von Selbstheilungen sprechen, wenn sie auch von der Umgebung als Wunder empfunden werden.

Das Bad in Lourdes ist mit dem Wasser gespeist, das Bernadette auf Geheiß der Muttergottes aus dem Sand grub, damals im Winter, als sie barfuß durch den Fluss mit den anderen Kindern schritt, um am Ufer angeschwemmtes Holz zu sammeln. Das ist der Ursprung der vielen Heilungen und der Grund für die Millionen Menschen, die jährlich zur Heilung oder Danksagung nach Lourdes kommen. Berührend ist der Zug der Kranken und ergreifend die große Lichterprozession am Abend, an der Tausende Menschen teilnehmen und das bekannte »Ave, ave, ave Maria« singen.

DIE BRÜHL

wird überragt vom großen und kleinen Anninger. Für uns interessant ist nicht so sehr der Husarentempel, den der Fürst Liechtenstein aus Dankbarkeit errichten ließ, weil ihm Soldaten in der Schlacht von Aspern das Leben gerettet hatten, sondern das so genannte Matterhörndl.

Das Matterhörndl ist ein großer Felsblock, der aus dem Wald herausragt mit einem Loch in der Mitte; ein Schlupfstein, der den Menschen der Vorzeit zur Heilung diente. Wie an vielen anderen Stellen schlüpfte man von der Ostseite her durch die Enge, um mit dem Berühren des Felsens Gesundheit des Leibes und der Seele zu empfangen. Es gibt eine Sage dafür, wie die von Genoveva mit der Hirschkuh.

Matterhörndl, Hinterbrühl

Ein uralter Steig führte von Weissenbach und vom Schweinzerberg in die Ebene von Traiskirchen. Er ging über den ersten Sattel des Otterberges, wo man heute zur Westautobahn fährt. Bezeichnenderweise heißt dort im Katasterblatt eine Stelle »Am hangenden Stein«, ein zweiter hangender Stein ist in der Nähe des Wassergsprengs. Der berühmteste hängende Stein ist Stonehenge mit dem riesigen Tempel. Ob es ein Kalenderstein ist, wissen wir nicht. Wie wurden diese riesigen Steine bewegt? Wie hat man sie behauen? Wir wissen nicht, wie die Pyramiden gebaut wurden. Die Theorien sind zahlreich.

Mariengrotte, Hinterbrühl, Foto: F. Karl

Nun schlagen wir wieder den Bogen und kehren zu unserer unscheinbaren und für uns neu entdeckten Mariengrotte zurück.

Über ihr liegt die schöne Wiese, die wir benützen können. Dahinter ist ein alter Steinbruch mit einem überhängenden Felsen, von Menschen gemacht, wo zwei Rutengeher unabhängig voneinander den stärksten strahlenden Platz der ganzen Anlage festgestellt haben.

Gleich daneben liegt das Kloster der Gemeinschaft der Seligpreisungen, eine neue katholische Gemeinschaft von Männern und Frauen, die einen eigenen Lebensstil und ein eigenes Ritual haben. Die Bewegung ist etwa 30 Jahre alt. Ihr Gründer war zuerst ungläubig, studierte dann evangelische Theologie, wurde Pastor und konvertierte zum Katholizismus. In ihre Regel nahm er verschiedene Elemente von den Kartäusern auf, aber auch starke jüdische Elemente. Sie leben kontemplativ wie ein beschaulicher Orden und beten viel. Sie nahmen die Lebensform auf, die Joseph II. gründlich ausgerottet hat. Früher gab es viele solcher Orden.

Um zu den Bäumen zurückzukommen: Ihr Grundstück ist sehr groß und zieht sich im Tal den Schweinzerberg hinauf. Der Schweinzerberg ist nach den archäologischen Ausgrabungen keltischen Ursprungs, etwa 2500 v. Chr. Der Beweis dafür sind die entsprechenden Ausgrabungen, die ins Museum nach Mödling kamen. Ich besitze selber keltische Scherben. Unbeachtet liegt ein Menhir mit einer Blutrinne in einem Garten vor dem Gipfel des Schweinzerberges. Wenn man nach oben steigt, kommt man zu einer Föhre, die ihre Wurzeln um einen altarartigen riesigen Steinblock schlingt. Genau gegenüber liegt unsere Höhle. Der kultische Zusammenhang ist gegeben. Die Siedlung selbst lag ein Stück über der Fichte und fällt auf durch einen besonderen Graswuchs. Bezeichnenderweise haben früher Schwestern an der Föhre ein Kreuz angebracht und die Oberin sagte einmal zu mir: »Wenn es im Haus mit dem Kindergarten und der Schule drunter und drüber geht, dann finde ich oben Ruhe.«

Schöne Bäume stehen auch im alten Friedhof zwischen Kirche und Bach. Beim Straßenbau wurde leider ein Teil des Friedhofs zubetoniert. Jetzt ist es eine Gedächtnisstätte für die Kriegsopfer, wo jährlich zu Allerheiligen Gedenkstunden für die toten Soldaten gehalten werden.

Hinterbrühl war früher ein kleines Dorf. Erst in der Biedermeierzeit wurde es als Ausflugsort entdeckt. Die Ebene um Wien ist eine öde Ebene. Schön wird es erst, wenn man zum Urlauberkreuz von Maria Enzersdorf herkommt. Südlich der Straße des Urlauberkreuzes liegt der Kalenderberg mit einer Keltensiedlung. Hier liegt das Gelände und die Burg der Fürsten von Liechtenstein, die Bevölkerung waren ihre Lehensleute. Zahlreiche siedelten sich hier an und aus dem Dorf ist ein Markt geworden. Berühmt wurde das Dorf durch den kurzen Besuch von Ludwig van Beethoven, der hier in einer Hütte bescheiden lebte. Ich glaube, das unstete Suchen des großen Meisters erklärt sich nicht nur aus praktischen

Bild oben: Urlauberkreuz
Burg Lichtenstein

Gründen, sondern er suchte immer so wie Schubert zur rechten Zeit den rechten Platz. Dass Beethoven die Neunte Symphonie schrieb, mag ebenso zufällig sein wie die Mödlinger Tänze. Waldmüller war ein großer Meister. Seine Bilder sind von unschätzbarem Wert, aber auch von großer Schönheit. Er hat in der Brühl gemalt. Nach den Auswüchsen der modernen Kunst kehrt man gern wieder zu ihm zurück. Er war nicht nur ein Meister seines Faches, sondern hatte Herz und Gemüt, wenn er auch als Mensch nicht glücklich war.

Fürst Liechtenstein erbaute die Kirche in Hinterbrühl im Stil des Empire. Die Inschrift, die er anbringen ließ, lautet: »Den frommen Bewohnern der Brühl!« Das mag etwas überschwänglich erscheinen, denn die Leute sind nicht mehr und nicht weniger fromm als die anderer Umgebung. Ich sehe darin eine Andeutung an den genius loci, die Anziehung des Ortes. Was Schubert, Waldmüller, Beethoven und andere zur schöpferischen Tätigkeit zwang, ist wohl damit gemeint. Auch der Fürst und seine Ahnen wurden aus vielen Gründen hier ansässig.

DIE KIRCHE VON MÖDLING

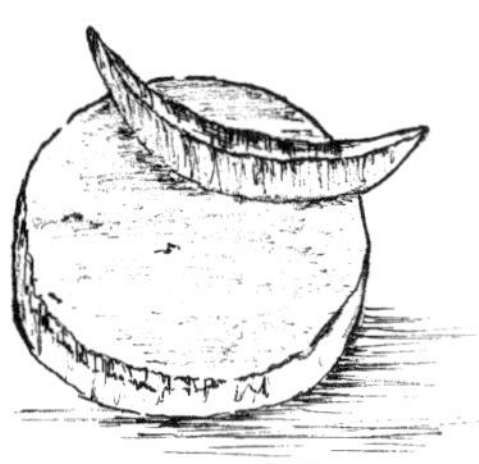

liegt am technisch ungeschicktesten Platz der Stadt. Die ehemalige Kirche war in der Stadt in der Nähe des Bahnhofs. Die neue gotische wurde am Platz gebaut, der seine geschichtliche Tradition hat.

Kultstätten lieben die Kontinuität. Kirchen sind meist auf alten Kultplätzen gebaut worden. Die alten Baumeister und Steinmetze waren damit vertraut. Die Kirche in Mödling liegt am Abhang des Kalenderberges, von dem eine ganze Zeitepoche ihren Namen hat. Die ganze Hinterbrühl gehört zu ihrem Einflussbereich.

Die Kirche hat nur einen Dachreiter, aber daneben steht ein merkwürdiger Turm, dessen Gehäuse romanisch ist mit der Form einer Zwiebel. Die Strahlung ist stark. Wie in fast allen Kirchen verläuft sie von Ost nach West, die Linien werden durch das Querschiff angedeutet. Um den Turm zeigt die Rute oder das Pendel die Verbindung zur Kirche an. Im Türmchen, oder auch Karner genannt, ist ein Gebetsraum mit Grundriss und einer Nische.

Wieder zurück zu unserer Höhle. Eine Kirche ist nichts anderes als eine Kulthöhle, jede Rundung, sei es im Turm oder im Gewölbe, zeigt es an. Die so genannte Thermenlinie verläuft entlang der Wasserleitung von Mödling nach

Baden. Neben dem Mödlinger Bach ist ein Gang, der jetzt verbaut ist. Er trägt den Namen: »Goldene Stiege«. Warum sie so heißt, dafür gibt es verschiedene Deutungen; es kann sich etwa um einen alten Kultweg handeln. Gegenüber liegt der Schwarze Turm, die Kirche, der Kalenderberg. Von der Goldenen Stiege nach Süden zum Steinbruch wird das jährliche Sonnwendfeuer abgehalten. Der Platz darüber ist der Jennyberg, der wieder bezeichnet ist wie der Kalenderberg. Die Fortsetzung von der Goldenen Stiege nach Westen ist der so genannte Dreistundenweg, der genau die Ebene einhält, die in einer Richtung der Neigung oder Wölbung entspricht. Die Fortsetzung führt zum Hexensitz, den wir kennen. Die Bettlerstiege ist bekannt; der Weg endet wiederum in unserer Mariengrotte.

WEISSENBACH

Unsere Grotte liegt in der Katastralgemeinde Weissenbach und ist als solche bereits als Kultplatz amtlich eingetragen, so wie unser KZ-Platz, und beide können daher nicht verbaut oder verändert werden.

In Weissenbach steht eine Kapelle, in der regelmäßig gebetet wird und Messen und Andachten gefeiert werden. Zur Sonnwendfeier wird das Johannesfeuer christlich gedeutet als Fest des Johannes des Täufers. Bei schönem Wetter ist der Gottesdienst im Freien, weil nur wenige Leute in der Kapelle Platz haben. Den Altar ziert eine wertvolle, aber durch stümperhafte Übermalung verschandelte Statue des heiligen Leonhard mit der Kette. Er ist Patron für die Gefangenen wegen der Kette, aber auch Viehpatron. Beim Eingang in die Kapelle zwischen der Tür und dem asphaltierten Feldweg ist ein größerer Stein im Boden.

Bild oben: Karner, Mödling
Bild unten: KZ-Platz, Hinterbrühl

Wie er unten ausschaut, wissen wir nicht. Als er bei der Verbreiterung des Weges versetzt werden sollte, wehrten sich die Weissenbacher. Praktisch gibt es keinen Grund dafür, er gehört in diesem Sinne weg, es ist ein Stolperstein.

Der Ortsvorsteher ist ein Rutengeher. Ein anderer »mutete« und fand, dass es sich beim Stein um einen Kultstein handelt, wahrscheinlich um einen Menhir.

KRYPTEN

In zwei Häusern in Götzweis gibt es eine so genannte Krypta. Die eindrucksvollste befindet sich im Jugendhaus Süd. Es ist ein kleiner quadratischer gewölbter Raum, mit einer durch ein Gitter verschlossenen Stiege, die zum Wasserbecken führt. Die Bauern sagen, es sei der Erdäpfelkeller des Hauses gewesen. Das Häuschen dabei war das Ausnahmshaus für die Altbauern.

Die Krypta war von Anfang an für alle ein besonders anziehender faszinierender Platz. Dort hielten wir unsere Andachten und Meditationen ab und entwickelten im Laufe der Zeit eigene Riten. Dreimal am Tag, morgens, mittags und abends, gehen Groß und Klein hin, setzen sich auf Decken oder Pölster im Kreis und meditieren. Die Stimmung ist dann so dicht, dass die Teilnehmer manchmal in einen anderen Bewusstseinszustand fallen.

Krypta in Götzweis

Krypta im Haus Brühl, Dr. Franz Jantsch

Im Haus Brühl gibt es die so genannte Klagemauer. Am Ende des großen Hofes ist eine kahle Ecke zum Nachbarhaus, eine Wand ohne Fenster und ohne Tür, jetzt langsam grün bewachsen. Viele unserer Leute, die mehrmals in Jerusalem waren und an der Klagemauer meditierten, hatten das Bedürfnis, es hier gleichzutun. Jeder lehnt sich an die Mauer und man spricht Klagen und Bitten aus. In einer Prozession ziehen wir dann in die Krypta, ein merkwürdiger tonnengewölbter Raum, teils mit unbehauenen, teils mit behauenen Steinen. An den Wänden stehen Bänke, an der Schmalseite ist so etwas wie eine Altarwand und ein Tisch, auf dem Messe gefeiert werden kann. Nur durch kleine Fenster kommt etwas Licht herein. Die Nachbarn sagen, die letzte Verwendung dafür war eine Schmiede; es ist so etwas wie ein Erdstall; man weiß nicht sicher, wozu er diente. So wie im anderen Haus werden auch hier die Tagzeiten und andere Feiern gehalten.

Der Erdstall von Klein-Zwettl in der Nähe von Götzweis wird von den Kindern gern besucht. Erdställe sind unterirdische Gänge, die fast immer das gleiche Muster aufweisen und in einer Spindel enden. Man findet sie nicht nur bei uns sondern auch z. B. in Frankreich. Sie wurden als Verdeck gedeutet. Die Gänge sind so niedrig, dass vermutet wurde, die Menschen seien früher kleiner gewesen.

Erdställe dürften sehr alt sein. Im vorigen Jahrhundert, als sie entdeckt wurden, vermutete man in ihnen Kultstätten, heute ist man wieder dieser Meinung. Die Spindel und die Sitze erinnern sehr an die entsprechenden Bauten in Malta. Der Erdstall in der Kirche von Klein-Zwettl bestärkt diesen Eindruck. Der Einstieg ist mitten in der Kirche. Man hebt eine Platte und steigt hinunter zum stark strahlenden Platz. Die Kirche liegt auf einem Hügel, wie in einem Märchenbuch.

Erdstall, Wieselburg

Weitere Erdställe gibt es beim Schlattenbauern zwischen Wieselburg und Ruprechtshofen und in St. Stefan bei Hartberg.

Man spricht von unterirdischen Gängen, die heute verschüttet sind. Fluchtweg und Kultstätte können zusammenfallen oder sich überschneiden. Unterirdische Gänge führten aus Burgen ins Freie oder verbanden wichtige Orte. Manchmal führten sie auch zu Quellen. Es könnten unterirdische Kulträume sein, die aus vorgeschichtlicher Zeit stammen. Dass man in Notzeiten dort auch Zuflucht gesucht hat, sagt nichts über den Ursprung und den Zweck. Zweifellos hatte man hier Kontakt mit den Toten und die Erdmutter verehrt. Es waren Meditationsplätze; wir denken an den Ursprung der Krypten. Die kleinen Sitze, auf denen kein Mensch Platz findet und deren Kanten unverändert und ungebraucht erscheinen, waren wohl für die Toten bestimmt.

SAGEN AUS HINTERBRÜHL

DIE SCHÄDELMÜHLE

Der Mödlingbach, der durch die Hinterbrühl nach Mödling fließt, hatte früher mehr Wasser und es standen viele Mühlen entlang des Baches, eine davon hieß Schädelmühle.

Der Müller hatte ein zänkisches Weib und er rief in seiner Not den Teufel an, um ihn vom Weib zu befreien. Der Teufel sagte zu, wenn er in der Nacht die Mühle benützen dürfe. Der Müller ging darauf ein. Der Teufel holte die Müllerin und kam des Nachts mit einem sechsspännigen Fuhrwerk. Der Fuhrmann musste dem Teufel die Säcke in die Mühle schleppen und unter Gepolter mahlen.

Das hörte der Müller und beobachtete das Treiben. Es wurden Totenschädel gemahlen. Der Teufel sagte: »Bald kommt dem Müller sein Kopf auch hinein.« Dieser lief zu den Nachbarn und bat um Hilfe. Mit Stangen erschlugen sie den Fuhrmann und jagten den Teufel in die Flucht.

DER TEUFELSSTEIN

Am Beginn der Brühler Straße in Mödling lag ein Stein an der Straße. Wahrscheinlich war es ein Kultstein, der den Beginn des Kultbereiches der Brühl anzeigte. Er war den Menschen unheimlich und sie brachten ihn mit dem Teufel in Verbindung.

Ein armer Bursche verliebte sich in die Tochter des reichen Müllers. Traurig saß er auf einem Stein und sagte: »Wenn ich nur den Grundstein meines Vaterhauses hätte.« Da erschien ihm der Teufel und sagte: »Ich gebe dir Geld, aber du musst mir versprechen, mir dein erstgeborenes Kind zu geben.« Der Arme versprach es. Um Mitternacht kam ein schweres Unwetter auf. Ein Priester wollte eben aus der Spitalkirche kommend einen Kranken versehen, wozu das Glöckchen läutete. Als der Teufel das Allerheiligste sah, ließ er den Stein fallen. Es war der Grundstein des Vaterhauses. Nun gab der Müller das Paar zusammen.

Höllenstein, Hinterbrühl

In der Nähe des Teufelssteines ist eine Felswand, die drei Zacken übereinander hat. Dort hausten drei geheimnisvolle Frauen. Die älteste hatte eine Höhle, die zweite wohnte im Grünen und die jüngste oben.

Alle waren Spinnerinnen, aber die Leute holten ihre Ratschläge nur von der Mutter. Eines Tages kamen drei Männer, die um die Frauen warben. Nach der Hochzeit waren zwei der Frauen nicht mehr zu finden. Die Männer waren nicht drei Tage, sondern drei Jahre bei den Frauen gewesen.

Der Sage nach soll am Fuße des Frauensteins ein großer See gewesen sein. Die drei Frauen sind die drei Nornen, die Lebenswenden bedeuten: Geburt, Hochzeit und Tod. Vergangenheit, Gegenwart und Zukunft.

DER HEXENSITZ

Dort haben Hexen gewohnt, die in Mondnächten ins Tal kamen und tanzten und spukten. Besonders arg war es in der Walpurgisnacht. Unterhalb des Hexensitzes ist die Höldrichsmühle. Im Traum wurde der Müller gewarnt, die Hexen würden die Mühle anzünden, wenn er nicht in der Walpurgisnacht die Wasserräder laufen ließe. Diese vertrieben die bösen Geister. Aus Angst vor den Hexen mahlte der Müller nun in der Walpurgisnacht immer durch.

Bemerkenswert ist, dass Leute, die die Mühle kennen, die Walpurgisnacht feiern. Man hat Zettel gefunden, auf denen die Zaubersprüche aufgezeichnet waren. Wie weit das ernst gemeint ist, wissen wir nicht. Wir wissen aber, dass in der Gegend von Mödling viel gefährlicher Unfug in dieser Weise geübt wird.

DIE NONNENWIESE

Der Besitz zwischen Hinterbrühl und Gaaden-Lackfabrik und das Marterl, das dort steht, gehörten wahrscheinlich zu einem Nonnenkloster. Die Sage weiß, dass eine Nonne ihr Gelübde brach und heimlich aus dem Kloster floh. Bald fand man sie ertrunken im Bach und Wanderer hörten ihr Weinen und Klagen.

SAGEN UND MÄRCHEN

Wir sind gewohnt, Sagen und Märchen als für die Kinder erdacht und geschrieben zu empfinden. Erwachsene meinen, dass es kindisch sei, wenn sie zur Unterhaltung Sagen lesen. Was soll jemand mit Dornröschen oder Schneewittchen anfangen? Welch dumme Geschichte vom Wolf und den sieben Geißlein. Oder gar das riesige Märchenbuch aus Tausendundeiner Nacht? Was sagt uns Gullivers Reisen oder Robinson Crusoe oder Don Quichotte? Forscher und Psychologen sagen, dass in den Märchen verschlüsselt, wie in der Bibel, alles für den Menschen ausgesagt wird, das uns alle unbedingt angeht. Es geht immer um Leben und Tod, Liebe und Treue, Verrat, Feiglinge, Prüfungen, Helden. Mythen sprechen alle und alles an. Wir erzählen den Kindern, der Storch hat sie gebracht und sie schreien: »Storch, Storch guter, bring mir einen Bruder, Storch, Storch bester, bring mir eine Schwester.« Die Menschen glauben nicht, dass es tatsächlich so ist, aber wir haben keine andere und bessere Art etwas auszusagen als eine Metapher, einen Mythos oder ein Symbol. Sage nicht, es ist nur eine Metapher, sage, es ist nichts Geringeres als eine Metapher. Zum Ding an sich kommen wir laut Kant

nicht heran. Es entzieht sich uns immer wieder. Es ist transzendent, oder transzendental, nach Heidegger. Wir haben von allem nur das, was wir zu wissen glauben, auch von Gott. Es ist schwer zu verstehen und nachzuvollziehen. Aber wenn du fragst, dann musst du dir diese Antwort gefallen lassen, so wenig sie dich befriedigt und du sie verstehst. »Ich weiß, dass ich nichts weiß«, sagte der weiseste aller Weisen, Sokrates, und Plato wiederholte seine Lehre. Wenn er philosophisch und logisch nicht weiterkam, verwendete er Mythen. Denken wir nur an den Mythos von den Zyklopen, den einäugigen Riesen.

Wenn der Wolf die Großmutter frisst und ihm dann der Bauch aufgeschnitten wird, ist menschliches Schicksal angedeutet. Wenn die Eltern Hänsel und Gretel in den Wald schicken und verlassen, dann heißt das, dass sie, selbst wenn sie verlassen würden, ihr Schicksal selbst in die Hand nehmen müssen. Wenn sie von der Hexe gebraten werden sollen, dann geht es dich an. Wenn die Kinder Tempelhüpfen, geht es immer um Leben und Tod. Sie machen komplizierte Bewegungen und hüpfen oder laufen ihrem Schicksal davon oder entgegen. Sie entkommen ihm nicht.

Das Ballspiel ist heute beliebt, besonders Fußball, geradezu weltbewegend. Milliarden Menschen verfolgten die letzten Kämpfe und feierten den Sieger. Die wahren Helden sind heute nicht die Dichter, Entdecker und Erfinder, sondern die Helden auf dem Fußballplatz. Neben mir saß in der Volksschule ein großer starker Bursche. Er wurde, wie ich später erfuhr, der erfolgreichste Torschütze von Österreich; er schoss tausend Tore. Er war ein Kind armer Leute; der Vater war ein Säufer, der die Mutter oft schlug. Einmal kam der Sohn dazwischen, wollte seiner Mutter helfen und erschlug dabei seinen Vater.

Einer der geheimnisvollsten Aussprüche Jesu, die im Thomasevangelium überliefert sind, sind die Worte: »Jesus sprach, ich bin das Licht, das überall ist, ich bin das All, es ist das All zu mir vorgegangen, das All ist zu mir gelangt. Spaltet das Holz und ich bin dort, hebt den Stein hoch und ihr werdet mich finden.«

Jesus hat auch einen anderen Ausspruch getan: »Die Welt ist eine Brücke, geht über sie hinüber, aber lasst euch nicht auf ihr nieder.«

Im so genannten Jakobusevangelium werden haarsträubende Dinge über die jungfräuliche Geburt Mariens erzählt, aber auch etwas anderes Unverständliches. Jesus spielte wie andere Kinder mit Lehm und formte daraus Vögel, dann klatschte er in die Hände und die Vögel wurden lebendig und flogen davon. Grausam dagegen die Geschichten über Jesus, wo es heißt, dass Kinder, die ihm etwas zu Leid getan hätten, tot umgefallen seien.

Klagemauer, Jerusalem

KLAGEMAUER

Alle haben schon von der Klagemauer in Jerusalem gehört, einem Rest der Mauer des zerstörten Tempels.

Schlimmer als die Zerstörung des Tempels war die Zerstreuung der Juden. Sie wurden aus dem Land vertrieben und versuchten immer wieder zurückzukommen; das gelang ihnen auch zum Teil. Einige Jahrhunderte später sind die Araber eingefallen und nahmen es als ihr Land bis ins vergangene Jahrhundert. Der Schriftsteller Herzl kam auf die Idee, den Juden eine eigene Heimat zu schaffen, was von vielen begeistert aufgenommen wurde. Die Engländer hatten mit den Deutschen, Österreichern und Türken das Heilige Land aufgeteilt. Damit begann der Verfall des großen arabischen Reiches. Ägypten war schon früher in die Hand der Briten gefallen, das damalige Palästina kam als so genanntes Mandatsgebiet an die Engländer. Juden zogen zahlreich in die Heimat und der Kampf zwischen Arabern und ihnen begann. Dann verließen die Briten das Land, das ehemalige Kolonialreich zerfiel und der Staat Israel wurde mit Gewalt gegründet und der Kampf mit den vertriebenen Arabern begann.

Der Tempel war nicht wieder aufgebaut worden, aber die Tempelmauer, die äußerste, blieb immer bestehen und immer kommen Menschen, um über ihr Schicksal zu klagen. Die Klage als solche war in der Bibel längst verankert. Das Buch Hiob und bestimmte Sagen waren voll davon. Menschen klagten über den verlorenen Tempel, das verlorene Land, sie stellten wie alle Christen die Frage: Warum lässt Gott das zu? Niemand hat darauf eine endgültige Antwort. Die Menschheit im Ganzen, die Juden als Volk haben alle das letzte Wort Jesu als Wiederholung: »Mein Gott, mein Gott, warum hast du mich verlassen?« Die Frage nach dem Warum des Bösen bleibt unbeantwortet.

Stimmt die Weltkonstruktion nicht? Hat Gott es nicht vorausgesehen? Der jüdische Philosoph Wittgenstein sagte: »Fragen, die man nicht beantworten kann, soll man nicht stellen.« Aber trotzdem hört die leidende Menschheit nicht auf, sie immer wieder neu zu stellen. Ist es heute anders? Schreit nicht auch das Blut der Verlorenen, Vertriebenen, der Juden, aller Menschen der Schöpfung? Sie müssen sagen: »Es bleibt uns nichts übrig, als uns in die Hände Gottes fallen zu lassen.« Für uns Christen besteht die große Hoffnung auf Auferstehung und der Glaube an die Wiedergeburt.

In neuerer Zeit wurden wiederum in Kirchen Klagemauern aufgestellt und als solche erklärt, wo die Menschen hingehen und die Klage an Jesus stellen.

»Warum, warum, warum?«

Die vorletzte Station des Kultweges zur Mariengrotte in Hinterbrühl und zur Muttergottes ist eine Klagemauer. Gruppen und Einzelne, die hinaufgehen, bleiben bei der steilen Wand stehen, lehnen sich an die Mauer und klagen ihre Not. Ein wenig leichter scheinen die letzten Schritte hinauf zu sein, dann stehen wir vor dem dunklen Tor in die finstere Höhle. Ist es Flucht? Ist es Zuflucht? Wohl beides. Für jeden zu jeder Zeit immer anders.

WAS STEHT UNS NOCH BEVOR?

Was hat sich alles seit den letzten hundert Jahren zugetragen? Ist es besser geworden oder schlechter? Sind die Menschen besser geworden? So wie die Menschheit gewachsen ist, ist auch die Zahl derer, die unnötig zugrunde gegangen sind, gewachsen. Der Erste Weltkrieg hat zehn Millionen Menschen das Leben gekostet, der Zweite sechzig Millionen. Nach allen Regeln der Voraussagen der Historiker kann man mit an Sicherheit grenzender Wahrscheinlichkeit erwarten, dass die Kriege nicht aufhören, so sehr wir es hoffen.

Napoleon hat zu Goethe den denkwürdigen Satz gesagt: »Was wollt ihr, das Schicksal machen wir, die Mächtigen.« Er hat die Ideen der Aufklärung in die

Welt gebracht. Hitler hat die Welt verändert, er hat Reiche zerstört, neue Länder sind entstanden, die Macht- und Wirtschaftsverhältnisse haben sich verschoben. Ist der Glaube, wie die Liebe, größer oder kleiner geworden?

Wenn man von der Höhle heraustritt und auf dem höher gelegenen Heiligtum des keltischen Dorfes steht, überblickt man fast zweieinhalb Jahrtausende.

Niemand kann sagen, was in den nächsten 2000 Jahren sein wird. Wir leben mit diesem Platz, mit dieser Welt. Merkwürdigerweise beschäftigt sich kaum jemand mit dieser Frage, wir leben in den Tag hinein.

Jesus weinte über die Stadt, weil er ihr Unglück voraussah. Hiob hat nach der Erzählung der Bibel alles zurückbekommen, was Gott ihm genommen hat.

Die Russen sagen: Das Letzte, was stirbt, ist die Hoffnung. Zu Maria wird in der Litanei gebetet: Du Mutter des guten Rates! Dazu gehört ein starker Glaube an Gott und die Macht Mariens.

HÖHLEN UND QUELLEN DER BIBEL IM HEILIGEN LAND

Zahllos sind die Höhlen der Bibel. Als Saul von Gott wegen der Volkszählung verworfen wurde, ging er zur Hexe von Endor am Fuße des Tabor. In der Nähe ist die Grotte, aus der das Wasser von Gideon entspringt. Ein schöner, eindrucksvoller Platz. Der Berg Tabor ist der Berg der Verklärung. Auf seinem Gipfel steht die Kirche der Verklärung Jesu. Sie ist neu, der Platz aber ist alt. Immer schon stand dort ein Tempel mit einer Grotte, die man betreten kann. Vor dem Altar ist ein Loch, durch das der Pilger seine Hand steckt, um den Fels zu berühren. Die Franziskaner, die den Platz betreuen, wissen selbst von der Strahlung des Platzes. Sie stellten sie genauso fest wie unsere Pendler.

Elias flüchtete vor dem Zorn der heidnischen Könige auf den Mosesberg, wo er die Nähe Gottes erfuhr, wie es in der Bibel heißt: Nicht unter Blitz und Donner, sondern, als er sich in einer Felsnische verbarg, erfuhr er im Säuseln des Windes die Stimme Gottes.

Betlehem gilt nach der Bibel als Geburtsort Jesu. Die Kirche von Betlehem ist das älteste christliche Heiligtum, das in ununterbrochener Folge bis heute verwendet wird. Die Stelle, wo nach der Überlieferung Jesus geboren worden ist, ist eine Grotte. Die Pilger knien nieder und küssen den Stern. Unterhalb der Kirche ist ein riesiges Höhlensystem, wo wir oft Gottesdienst gefeiert haben. Die Stelle, wo die Engel den Hirten erschienen und »Ehre sei Gott in der Höhe« sangen, ist wieder eine Grotte. Eine andere Grotte in der Kirche ist die Milchgrotte, wo Frauen um Fruchtbarkeit und Kindersegen bitten.

In Nazaret ist Jesus aufgewachsen, er hieß Jesus von Nazaret und wurde noch am Kreuz so genannt. Nazaret hat eine riesige pompöse Kirche mit einem Untergeschoß. In diesem sind noch die Reste der uralten Grotte zu sehen, wo die Heilige Familie gelebt hat. Die anschließende Josefskirche mit Höhle wird uns als Wohn- und Werkstatt des heiligen Josef überliefert.

Verkündigungskirche, Nazaret

Die Szene, als Jesus Blut schwitzte, seine Jünger einschliefen und er sie mahnte: »Wachet und betet mit mir«, wird oft so dargestellt: Jesus kniend in einer Grotte.

Das Pfingstwunder und damit die eigentliche Gründung der Kirche entstand, als die Jünger Jesu mit Maria in einem verschlossenen Raum beteten. Das Obergeschoß, von dem im Evangelium die Rede ist, wird heute noch gezeigt und gehört jetzt den Arabern. Jesus wurde in einer Höhle begraben und erschien Maria Magdalena dort.

DIE JORDANQUELLEN

Der Jordan entspringt am Fuße des auch im Sommer schneebedeckten Hermon in drei mächtigen Quellen. Das Wasser sammelt sich wie in einem Schwamm, der sich langsam entleert und selbst im Sommer gespeist wird vom Schmelzwasser.

Die erste Quelle ist eindrucksvoll, weil sie wiederum eine Höhle bildet, in der das Wasser in einem mächtigen Felssturz herabfällt und wo die Taufzeremonie häufig vollzogen wird. Jordanwasser kann, so wie es ist, immer verwendet

Jordanquelle, Banias

werden. Das Jordanwasser erhält sich rein auf wunderbare Weise wie das Wasser in Lourdes. Ärzte sagen, das größere Wunder sei dort das, dass das Wasser immer gleich bleibt. Gesunde und Kranke werden ins gleiche Wasser gelegt, wieder herausgezogen; sie werden nicht gewaschen, niemand erleidet Schaden. Die zweite Jordanquelle ist ein altes Quellheiligtum. Wieder ein überhängender Felsen des Hermon, aus dem aus einer großen Höhle das Wasser hervorquillt und gleich zu einem großen Teich gesammelt wird. Aus Ehrfurcht wird darin nicht gebadet. Das Heiligtum ist allen Völkern und Religionen gewidmet und steht für alle offen. Die Drusen, eine sehr kleine jüdisch-arabische Religionsgemeinschaft, feiern auch dort ihre Riten. Große Platanen spenden Schatten, Tische laden zum Picknick oder für die Drusen zum sakramentalen Mahl ein, zu dem sie jeden einladen, der in der Nähe ist. Auch wir halten dort unser Picknick und verwenden dazu ein passendes Ritual in Wort und Lied.

Die dritte Quelle, die westlichste, heißt Danquelle und ist im Flussnamen enthalten. Dan war einer der zwölf Stämme Israels. Man geht den markierten Rundweg durch das große Gebiet und überall quillt das Wasser reichlich aus dem Boden. Das Gebiet ist im Besitz der Juden, war früher frei zugänglich, jetzt muss man zahlen, was man gerne tut.

Bei dieser Quelle erhebt sich ein Tell, das ist ein künstlich aufgeschütteter Hügel, der auch befestigt worden ist. Die Fahrt nach Norden ist auf verschiedenen Strecken möglich; ein Weg geht durch jüdische Siedlung dem Jordan entlang, der andere, schönere führt über die Golanhöhen, die arabisch, aber von den Juden besetzt sind. Aus militärischen Gründen. Galiläa mit dem See Gennesaret ist das Herzstück des Landes. Die Golanhöhen reichen nach Süden hin weit auf den Höhen über den See und das ganze Gebiet. Es lag im Schussfeld der Araber, die die Siedler nach Willkür beschossen. Jüdische Kampfflieger kreisen Tag und Nacht über dem See. Ein merkwürdiger Knall erschüttert immer wieder die

Gegend, wenn sie die Schallmauer durchbrechen. Technisch und militärisch sind die Juden auf neuestem Stand und den Palästinensern überlegen. Israel ist zwar das kleinste Land des Nahen Ostens, hat aber die beste Militärkraft, weil sie von den Amerikanern unterstützt werden, wenn auch nicht aus moralischen Gründen, sondern weil einige Ölquellen Arabiens in der Nähe sind.

QUMRAN

liegt nicht weit davon in Richtung nach Norden vor Jericho. Die Leute von Qumran, Männer und Frauen, lebten wie Mönche, sie hatten ihre Rituale, also Taufbecken, die noch unversehrt erhalten sind. Als man Qumran schon kannte, fanden junge Leute, als sie eine entlaufene Ziege suchten, die Höhlen, in denen Rollen von unschätzbarem Wert gefunden wurden. Sie enthielten Teile der Bibel, des Alten Testaments, die älter waren als die ältesten geschriebenen Bibeltexte. Die Entzifferung war sehr schwierig und ist noch immer nicht beendet. Die Texte gleichen denen der Bibel, sind zum Teil selber biblischen Ursprungs und man stellt fest, wie die Überlieferung durch die Jahrtausende bis heute verlief.

Qumran

Mit ähnlichen Funden aus der gleichen oder späterer Zeit erhielt man Texte mit unbekannten Apokryphen, also Schriften, die nach einem Apostel benannt sind. Die wichtigsten sind die, die dem heiligen Thomas zugeschrieben sind. Wir wissen von keinem Text, weder vom Alten noch vom Neuen Testament, wer sie wirklich geschrieben hat. Im Thomasevangelium sind Stellen enthalten, die für uns schockierend sind. So machte Petrus einmal Jesus den Vorwurf: »Uns küsst du auf die Wange, Maria Magdalena aber auf den Mund.« Ein anderes Mal hat Petrus, neugierig wie er war, Magdalena gefragt, was Jesus ihr gesagt habe.

Jesus war, wie wir heute annehmen, kein einfacher Zimmermann, er kannte Teile der Bibel auswendig, und Magdalena war keine einfache Dirne, sondern hochgebildet.

EN GEDI

Das Hohe Lied ist, wie man heute annimmt oder weiß, eines der ältesten und schönsten Liebeslieder. Es wird gedeutet als Liebeserklärung des Menschen an Gott. In Wirklichkeit ist die totale, auch körperliche Liebe gemeint. Die Geliebte schreit zum Wächter am Stadttor, ob er ihren Geliebten nicht gesehen habe. Er wiederum besingt ihre körperliche Schönheit und Sinnlichkeit, ihre Brust vergleicht er mit der Schönheit des Carmel.

En Gedi liegt am Toten Meer. Das Wasser des Jordan ist schmutzig und vor allem salzig geworden. Es ist fast unmöglich im Wasser zu schwimmen, weil man nicht untertauchen kann. Beliebt ist es, auf dem Wasser liegend Zeitung zu lesen. Man bestreicht den Körper mit dem schwarzen Schlamm, so wie wir es in unseren Heilbädern machen, und legt sich dann in die Sonne. Das Salzwasser brennt, wenn es in eine Körperöffnung kommt. Es sind Duschen mit dem Süßwasser der nahen Quellen angebracht, wo man sich reinigen kann.

En Gedi bildet einen Wasserfall, wo, wie am Hermon, das ganze Jahr reines kühles Trinkwasser fließt. Da darf man baden. Man stellt sich unter die vielfach übereinander stehenden Wasserfelsen und nimmt ein Bad im Becken. Und wieder gibt es Höhlen. In einer versteckte sich Saul, David beobachtete ihn und versicherte, dass er ihn nicht töten werde. Wenn man weiter nach oben steigt, kommt man zu einem uralten Quellheiligtum. Im Hohen Lied wird die Geliebte gepriesen: »Du bist schön wie die Quelle von En Gedi.«

Seite 53: Quelle des Jordan bei En Gedi

JERICHO

Die älteste Stadt der Welt ist 10.000 Jahre alt. Sie besteht aus vielen Schichten. Sichtbar vom Tell ist ein kegelförmiger Turm, auf dessen Plattform höchstens vier Menschen Platz haben. Wir wissen nicht, was das bedeutet. Zur Verteidigung hat es kaum gereicht, man hätte die Menschen leicht verhungern lassen können. In der Bibel heißt es, dass die Juden, vom Jordan kommend, um die Stadt zu erobern, in einer Prozession unter Posaunenschall eingezogen sind. In der Jordansenke erhebt sich nach Westen zu der Berg Quarantal. In halber Höhe ist dort ein orthodoxes Höhlenkloster, darin ein Steinblock, auf dem nach der Überlieferung Jesus gesessen haben soll, als er in der Wüste vierzig Tage fastete. Jericho kann als Stadt bezeichnet werden, weil sie eine organisierte Gemeinschaft war mit Wohnhäusern. Die Stadt wurde einige Male zerstört und wieder aufgebaut. Vor 9000 Jahren baute man rechteckige Häuser mit Lehmziegeln, in einem fand man eine kleine Statue in einer Nische, die als Fruchtbarkeitsgöttin gedeutet wird. Man fand Plastiken und Menschenschädel, die mit Gips überzogen waren, was auf einen Ahnenkult hindeutet. Um 5000 v. Chr. kam aus unbekannten Gründen die biblische Geschichte von der Eroberung der Stadt durch die Juden auf, sie ist legendär. Um diese Zeit war Jericho längst zerstört. Wegen der reichen Vegetation wurde Jericho als Palmenstadt bekannt.

Kloster, Jericho

Jesus kam mehrmals nach Jericho. Die Taufstelle wurde früher am Westufer des Jordan angenommen, neue Ausgrabungen ergaben, dass sie auf der gegenüberliegenden jordanischen Seite ist, von wo aus die Juden in das neue Land, das Gelobte Land, einzogen. Moses durfte nur vom Berg Nebo aus das Heilige Land sehen. Seine Grabstätte ist nicht feststellbar. Oberhalb der alten Taufstelle liegt der Platz, wo nach der Bibel Aaron, der Nachfolger des Mose, das Volk in einer feierlichen Zeremonie in das Gelobte Land führte. Die wichtige Straße von Jericho zum See Gennesaret entlang des Jordan ist fest in jüdischer Hand, auch dort, wo sie durch das palästinensische Samaria führt. Vor der Mündung des Jordan in das Tote Meer beginnt die Straße nach Norden.

KULT-KULTUR

Uns sind die Worte Kunst, Kultur und alle Ableitungen bekannt. Sie ins Deutsche zu übersetzen ist ebenso schwer wie beim Wort Interesse. Wie willst du das Wort Interesse ausdrücken? Ich interessiere mich, du interessierst dich, ich habe Interesse usw. Schlag im Duden nach, du findest keine wirklich gültige und verständliche Beschreibung. Das Wort Kultur selbst kommt vom lateinischen »collere« und bedeutet pflügen, bebauen, pflegen und verehren, hat also eine psychologisch analoge Bedeutung. Wir sprechen z. B. von Kulturrevolution. Was ist eine Kulturrevolution? Wann war die erste, die zweite, die dritte? Wie wird die nächste erfolgen?

Die erste Kulturrevolution war vor 10.000 Jahren, als die Menschen sesshaft wurden und den Ackerbau erfanden. Die erste oder älteste Stadt der Welt ist Jericho, die andere größere und besterhaltene liegt in der jetzigen Türkei und hat für uns einen unaussprechlichen Namen.

Die Menschen wurden sesshaft, von den älteren Kulturrevolutionen gar nicht zu reden.

Die Menschen als Gattung mit dem Verbindungsglied sind schätzungsweise fünf Millionen Jahre alt. Eben hat man Spuren von Zähnen gefunden, die sich in Afrika erhalten haben, nach denen es möglich ist, dass die Menschheit älter ist. Aber bei diesen Zeiträumen vom Chaos bis zur Ordnung ist das unerheblich. In der Bibel heißt es so schön: Im Anfang war das Wort und das Wort war bei Gott. Wie lange dauerte es, bis aus dem Affen ein Mensch wurde, mit dem uns angeblich nur ein Prozent unterscheidet, bis er lernte Werkzeuge zu machen und das Feuer? Wie bestand er die schwerste Probe, die Eiszeiten, mit ihren wechselnden Lebensverhältnissen? Man denke nur, wie in Willendorf die dicke Frau und Göttin vor Mammut und anderen Ungeheuern zu bestehen hatte

bis zu den verhältnismäßig harmlosen unserer Zeit. Wie lange hat es gedauert, bis man die Schrift erfunden hat? Wahrscheinlich ist die ägyptische und die assyrische Sprache aus der babylonischen hervorgegangen. Heute gibt es mitten unter uns Analphabeten. Die sind von uns kaum zu unterscheiden. Wie lange oder wie kurz ist der Zeitraum, bis der Buchdruck erfunden wurde, der Martin Luther zu Ansehen verhalf und zum Schöpfer einer neuen Konfession machte? Eine Revolution war die Aufklärung, die Napoleon verbreitete.

Die Amerikaner verkündeten als Erste die Menschenrechte in ihrer Verfassung, die Idee aber kam von Frankreich. Aufklärung ist gut, aber gefährlich. Napoleon war schlecht für Europa, weil er viele Tote verursachte, seine Idee war gut, weil er die Aufklärung, die auch ihre positiven Seiten hat, verbreitete. Auch bei uns in der Kirche gibt es beide Seiten, die reflektierte, also rationale, und die irrationale. Der Vergleich zwischen beiden ist wichtig und geschieht fortlaufend. Es ist nicht nur erlaubt, sondern erwünscht, dass überall in den Orten und Kulturen in der Muttersprache die Messe gefeiert wird, nicht nur die Kleriker ihre Rolle haben, sondern der Gläubige, der so genannte Laie, zur aktiven Teilnahme nicht nur berechtigt, sondern geradezu genötigt wird.

Was hat das mit unserer Mariengrotte zu tun? Grundsätzlich darf alles geschehen, was in der Kirche geschieht; zum Teil geschieht es auch. Wir beten und singen dort, wir halten kultische Feiern. Wir können Feldmessen lesen, früher mit Dispens, jetzt ohne.

Wenn im Burgenland im letzten Jahrhundert am Abend die alten Leute an der Straße auf den Hausbänken saßen, die Vorübergehenden beobachteten und dabei den Rosenkranz beteten, so war das nicht nur schön zum Anschauen, es war auch berührend. Heute sausen Motorräder durch die Ortschaften.

Frauenkirchen ist eine wichtige Kirche für die Österreicher und Ungarn. In dieser Ebene wächst guter Wein. Wo guter Wein, dort sind auch die Mönche vertreten. Nicht umsonst heißt dort das neue Frauenkloster Mönchhof. Die Mönche schaffen Arbeit und Brot für viele, aber sie sind nicht einseitig, dass sie nur beten und meditieren, sie arbeiten auch. Die Babenberger haben ja nicht ohne Grund die Waldwüste des Wienerwaldes den Zisterziensern geschenkt, sie haben sie ins Land gerufen, damit sie es kultivieren. Sie taten es. Sie haben arm begonnen als Siedler, sie waren Bauernknechte und Leibeigene der Herrschaft.

Eine weitere Kulturrevolution war der Faschismus mit ungeheuer viel Toten in beiden Weltkriegen. Aber noch größer als Menschenmörder waren Gestalten wie Lenin und Stalin und die Russen. Boshaft könnte man sagen: Der Mensch ist als Mörder auf die Welt gekommen. Archäologen sagen scherzhaft: Wenn zwei Urmenschen einander begegneten, haben sie im anderen den Feind gesehen. Kain bekam das Zeichen auf die Stirn, das ihn schützte vor der Rache der Brüder und Schwestern.

Im Augenblick haben wir im Großen und Ganzen Friede, aber Hunger, Not und Verfolgung sind in Kroatien, Serbien, Palästina, Jerusalem, das religiöse Weltzentrum hat seinen Namen von Schalom, das heißt Friede. Jerusalem heißt auf Deutsch so viel wie Friedensstadt. Fünfunddreißig Mal wurde die Stadt zerstört und immer wieder aufgebaut.

BRAUCHT DER MENSCH RITUALE?

Burghöhle, Ruine Arnstein

Braucht jeder Mensch Rituale? Auch der Gottlose? Heilige Zeichen, heilige Gesten, heilige Bilder, heilige Menschen? Wenn einer einen grüßt, einen anlächelt, an ihm vorbeigeht, Zuneigung zeigt, stellt er sich positiv, sendet er positive Strahlen aus. Dostojewski sprach das schwere Wort: Alle sind an allem schuld. Auf die Frage, wie das zu verstehen sei, antwortete er: »Wenn ein Mensch mit einem zornigen Gesicht auf der Straße geht und einem Kind begegnet, das er ansieht, dann trifft dieser Strahl, der böse Blick, das Kind und schadet ihm. Wer weiß, was die Folgen sind.«

Der römische Gruß, die erhobene Hand oder Faust, war ein Bekenntnis. Im Kindergarten hat man statt eines Gebetes die Kinder sagen lassen: »Händchen halten, Köpfchen senken, innig an den Führer denken.« Ritual und Gebet zugleich.

Wir brauchen Rituale, heilige Räume, Zeiten, heilige Zeiten. Wenn du zärtlich bist zu deinem Kind oder auch zu einem Tier, zeigst du, dass du Mensch bist. Die Theologen sagen, der Mensch ist von Natur aus religiös. Wenn einer auf dem Gipfel eines Berges steht und dann sagt, dort sei er dem Himmel näher als in einer Kirche, muss man sagen, dass er Recht hat. Es gibt Leute in unserem Ort, die zur selben Zeit, wo in der Kirche die Messe ist, in die Höhle gehen. Es wird für sie wohl das Richtige sein. In einem Psalm steht: Die Wege nach Jerusalem trauern, weil niemand auf ihnen geht. Das war zur Zeit der babylonischen Gefangenschaft, wo die Juden an den Flüssen Babylons saßen und weinten und ihre Harfen an den Bäumen aufhängten. Das könnte man jetzt von Jerusalem ebenso sagen. Nicht die Höhle trauert, sondern wir hätten Grund zur Trauer, weil wir die Wege nicht gehen.

Kultstein, Gurk

BEDEUTENDE HEILIGTÜMER UNSERER HEIMAT

GURK

Das Gurker Stift und die Kirche sind eine Stiftung der heiligen Hemma, die nach dem Tod ihrer Söhne das Kloster gründete. Der Bischof von Kärnten hat nicht vom Bischofssitz Klagenfurt seinen Titel, sondern heißt Bischof von Gurk. Das ist ein kleiner Ort in einem entlegenen Seitental. Es gibt ein Wasser und eine Krypta, von der dasselbe gilt wie vom Mariengrab in Jerusalem. Die Krypta ist ein gewaltiger Raum mit unzähligen Säulen, aber das eigentliche Heiligtum ist ihr Grab. Ein alter Sitzstein steht dahinter, klobig und eckig, auf dem schon die Heilige gesessen sein soll, um die Arbeiter beim Bau zu beobachten. Das Grab ist ein Hochgrab aus Stein und es bestand der Brauch unter dem Stein durchzukriechen, um durch Berühren den Segen und das Heil zu empfangen, zusammen mit den heiligen Reliquien, die den Pilgern gereicht werden. Das Hemmagrab ist, so wie die Kirche und das Stift, die Fortsetzung eines vorchristlichen Heiligtums.

DER HEMMABERG

Der Hemmaberg liegt im äußersten Süden zur slowenischen Grenze hin in der Nähe des gewaltigen Triglav, der ein alter slawischer Kultberg ist. Am Gipfelplateau des Berges steht heute die Kirche, dreiviertel des Bodens hat man ausgegraben. Weitere Kirchen werden noch vermutet. Gegenüber der Kirche steht ein riesiger Baum, unterhalb ist wieder ein überhängender Fels, aus dem, wie in Banjas, eine starke Quelle herausbricht, die in einer Röhre zu den Pilgern fließt, die davon trinken. In dem hangenden Stein über der Quelle ist ein Loch, von dem man sagt, dass hier die Heiden Tier- und Menschenopfer hinabgestürzt hätten.

Wir haben über der Grotte einen überhängenden Fels, ob hier geopfert worden ist, wissen wir nicht.

Quelle, Hemmaberg

Zu den heiligen Bergen Kärntens gehört auch der Mittagskogel, der ein astronomisches Zeichen ist. Er zeigt immer mit seiner Spitze nach Süden.

DER MAGDALENSBERG

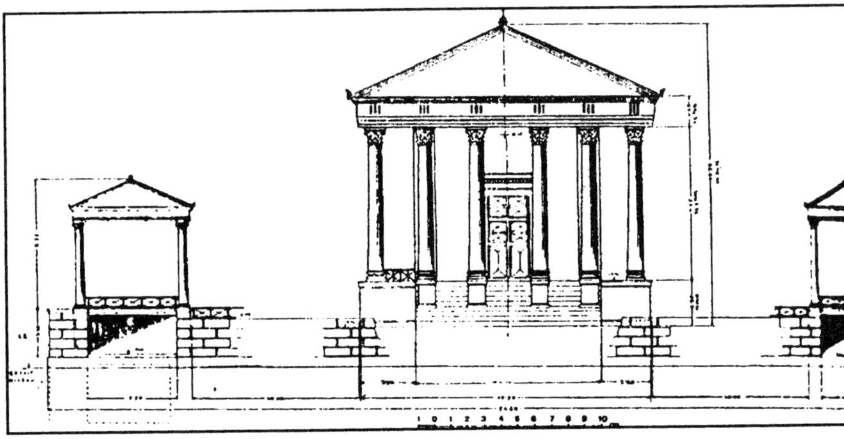

Er ist nicht nur eine touristische Attraktion, er hat große prähistorische und historische Bedeutung. Er ist ein Kultberg. Ob er nach Maria Magdalena benannt ist, wissen wir nicht. Der lateinische Name ist Noreia, nach dem alten Land Norikum. Bedeutende Reste wurden ausgegraben. Ein großer Teil steckt noch im Boden. Es gibt einen keltischen und einen römischen Umgangstempel mit einem Versammlungssaal und Parlament, wo die verschiedenen Stämme zur Beratung zusammenkamen. Es wurde Markt gehalten, Eisen verarbeitet und verkauft. Dieses war begehrt in Rom zur Erzeugung von Schwertern. Am Berg wurde bis vor kurzem abgebaut.

Wo ist die Quelle, wo ist der Fels, den wir suchen? Er wurde noch nicht festgestellt als solcher. Wahrscheinlich liegt er der Kirche am nächsten in einem Winkel, wo eine Quelle entspringt. Warum man die Stadt auf den Berg und nicht wie jetzt Maria Saal, Fortsetzung des alten Platzes, in die Ebene gebaut hat (vielleicht aus strategischen Gründen), wissen wir nicht.

DIE TISCHOFER HÖHLE

Für die Vermutung, dass die Höhle Kulthöhle war, spricht ein Fels in der Nähe, der Teufelskanzel heißt. Es gibt eine Sage, nach der der Teufel dort seine Künste gezeigt und zum Volk im Tal gesprochen habe. Der Fels ist nur durch Klettern zu erreichen und steht an einem Abhang, der steil ins Tal fällt. Viele Plätze, die den Namen des Teufels tragen, sind Kultplätze.

Wir können den Keller als riesige Höhle bezeichnen; Schauer, Angst und Geborgenheit spürt man ebenso wie in einer Krypta.

MARIA WALDRAST

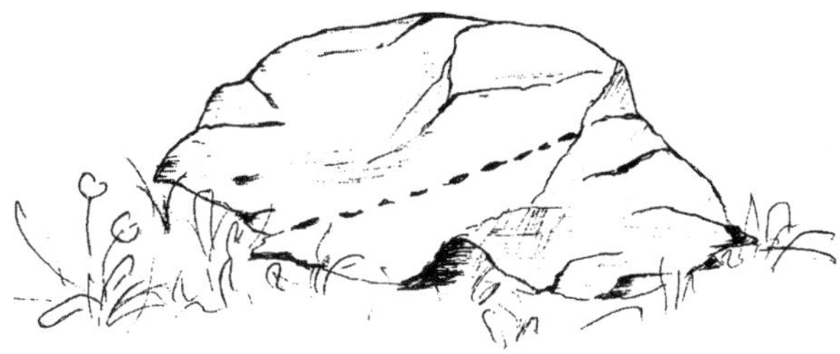

Kultstein, Maria Waldrast

Kirche und Kloster liegen am Fuße der Serles. Der Berg hat drei Gipfel. Der mittlere ist höher als die beiden seitlichen. Die Alten achteten auf die Gestalt der Landschaft. Für sie waren Berge dem Himmel näher. Sie transzendieren, sie steigen hinauf, sie galten als Wohnsitz der Götter. Kein Eingeborener wäre auf die Idee gekommen, den Himalaya zu besteigen, man umkreiste ihn betend, meditierend oder schweigend. Der alles bezwingende Gipfelstürmer Messner achtete das.

Die erste Besteigung eines Berges geschah vor fast tausend Jahren, als ein Humanist einen Berg der Alpen bestieg. Sein Antrieb war, wie bei allen Entdeckern und Erfindern bis in unsere Zeit, die Neugierde. Das technische Zeitalter hat geistig damit begonnen. Wir stehen inmitten in einer Entwicklung, in einer Zukunft, die wir nicht vorausdenken können.

Wieder zurück zur Höhle: Wir sind, so wie die sieben Schläfer, in der Höhle eingemauert und schlafen. Wann und wie und ob wir überhaupt erwachen, wissen wir nicht. Das gilt für dort und damals, das gilt für hier und heute. Der Tempelschlaf wurde immer geübt, wir tun es hier und heute.

Wir bedenken die ungeheuren Zeitabschnitte, die Welt und Menschheit. Wir bedenken die ungeheuren Zeit- und Raumerkenntnisse unserer Zeit, die die Weltraumsonde Hubble gebracht hat. Über dem uns bekannten Kosmos steht ein größerer. Wie lange geht es weiter? Wahrscheinlich ist es nach Einstein unendlich, aber begrenzt. Endlich wäre vorstellbar, wenn wir bedenken, dass es zeitlich und räumlich auch im kleinsten Bereich so weitergeht. Wir denken an Wittgenstein und an die Fragen, die wir nicht stellen dürfen. O Mensch, wie weit hast du es gebracht? Nach der Bibel hat es mit Mord und Totschlag begonnen, im vorigen Jahrhundert hat es mit einem Krieg geendet, der sechzig Millionen Menschen das Leben gekostet hat.

Nehmen wir an, die Menschheit lebt noch einmal so lange wie bisher. Wie geht es im Guten und Bösen weiter? Man kann nur hoffen, dass es nicht schlechter wird.

In Brunn am Gebirge hat man eine Aufbahrungshalle gebaut. Man ist nicht in die Höhe gegangen, sondern in die Tiefe und die Einsegnung ist jetzt in einem höhlenartigen unterirdischen Bau. Man kann den Platz nur bei einem Begräbnis besichtigen. Was immer sich der Architekt dachte oder die Gemeinde sich vorstellte, die Bodenhaftung, die Höhle, die Grotte: Das Grab ist nichts anderes als eine Höhle.

In den Sümpfen des Neusiedler Sees hat man keltische Reste gefunden. In Sümpfen, wie im Wasser überhaupt, hat man früher geopfert: Sachen, Tiere, Menschen.

ÜBER GOLD

Nach dem Glauben vieler Völker ist Gold als Metall und als Farbe Eigentum Gottes. Gold ist glänzend, rostet nicht, wird nicht matt, sondern bleibt, wie es ist. Dieselben Eigenschaften werden Gott zugemutet. Alles, was Gold ist, glänzt. Wenn Gott durch die Engel spricht, geht ein Leuchten von ihm aus. Auf den zahllosen Bildern von Maria Empfängnis trifft der Strahl des Heiligen Geistes auf sie. Der Hintergrund aller Ikonen ist Gold. Gold ist wertvoll, teuer, selten, aber zweifellos ist seine Menge begrenzt. Es ist zwar nicht alles Gold, was glänzt, aber die Vergoldungen sind hauchdünne Plättchen, mit denen man früher selbst Nüsse für den Christbaum vergoldet hat.

Wie groß ist die Menge des Goldes, wenn es selbst auf den Nüssen klebt? Wir sind uns einig, dass die Menge, das Gewicht der Masse, der Umfang, wie ein Würfel gedacht, sehr groß sein muss, aber nicht unendlich. Mit einem kleinen Golddukaten kann man Reiter und Ross vergolden. Alles Gold zusammengenommen würde ein großes Haus füllen. Nach dem Traum der Völker gehört das Gold als Symbol für Sonne und für Gott den Göttern. Es wurde daher nur für den Gottesdienst, den Kult gebraucht. Als die Spanier nach Mexiko kamen, sammelten sie alles Gold ein und schifften es nach Hause. Es wurde bezeichnenderweise Eigentum des Königs. Sie verwendeten es wieder für ihre Kathedralen. Der König trägt eine goldene Krone zum Zeichen seiner Macht, aber auch seiner göttlichen Sendung. Der österreichische Kaiser nannte sich apostolisch, er war sozusagen der Kirchenpatron.

Die Kelten hielten ihren Gottesdienst im Freien, meist unter Bäumen. Sie hängten goldene Votivgegenstände an die Bäume, wie wir Schmuck an den Christbaum. Der Platz war Tag und Nacht offen, zugänglich für die Pilger, um zu beten und zu opfern. Keinem wäre es eingefallen, etwas zu nehmen. Gold war als Metall zu nichts zu gebrauchen, weil es zu weich, aber auch zu selten war. Gold deutet das Sonnenhafte, das Göttliche an. Es genügt, wenn wir eine goldene Medaille in den Grund der Höhle bei der Weihe versenken. Jemand hat schon eine silberne Medaille in die Grotte gebracht.

Es ist üblich, dass bei Kapellen, auch allein stehenden, ein Opferstock ist. Es kommt nicht viel herein, aber die Leute haben ein Bedürfnis zu opfern.

BESUCH UNSERER GROTTE

Wenn wir unsere Grotte besuchen, was tun wir? Was werden wir tun? Kult braucht »action«, braucht nach dem Konzil »tätige Teilnahme«. Es passt nicht, wenn ein Tourist hereinkommt, die Füße übereinander schlägt und eine Zigarette raucht.

Keinem wird es einfallen, in einer Kirche zu rauchen, hoffentlich auch keinem in der Grotte. Die Grotte ist da für Gebet. Was werden wir beten? Rosenkranz, freies Gebet oder Schweigen, wie wir es gelernt haben von den Buddhisten? Wir haben früher zur Firmung einen Rosenkranz und ein Gebetbuch bekommen, im besten Fall eine Uhr. (Wir werden in der Grotte ein Gotteslob auflegen.)

Ich war im Krieg in einem Pfarrhaus, das in einiger Entfernung von der Kirche lag. Als der Krieg aus war, war mein erster Weg zur Kirche. Es war soweit alles in Ordnung, nur das Evangelienbuch, das immer auf einer Bank lag, fehlte. Ich fand einen Zettel, auf dem stand, von einem Landser geschrieben: »Lieber Herr Pfarrer, verzeihen Sie mir, dass ich das Evangelienbuch mitgenommen habe, mich hungert nach dem Wort Gottes.«

Was ist uns das Wort Gottes wert? Wer hat eine Bibel? Wer hat sie schon einmal ganz gelesen? Die Britische Bibelgesellschaft hat Bibeln in alle Sprachen übersetzen lassen. Sie ist das meistgedruckte, aber von allen gedruckten Büchern das am wenigsten gelesene. »Nimm und lies!«, hat Augustinus nach der Legende von den Engeln gehört. Das geht auch dich an!

ÜBER DIE TRÄUME

Träume sind – bei uns nicht – Schäume, man kann sie ernst nehmen oder nicht beachten. Gott sprach mit Josef nur im Traum. Es ging um die entscheidende Zustimmung Mariens zur Empfängnis. Jesus wäre eigentlich ein lediges Kind. Es wäre undenkbar, ihn als solches zu sehen oder gar zu bezeichnen.

Auch unsere Träume können weisend sein. Im Tempelschlaf sollten die Initianden etwas erfahren über Glück und Unglück, Deutung der Gegenwart, vor allem aber Wissen über die Zukunft. Fast in jeder Zeitung nimmt die Astrologie einen großen Raum ein. Wenn auch viele Aussagen mehrdeutig sind, sind sie so formuliert, dass sie für alles und jedes passen. Aber unwillkürlich schaut man und freut sich, wenn man unter einem guten Stern steht, dass man gewinnt oder in der Liebe Glück hat. Die Gabe und Unterscheidung der Geister und die Deutung von Bildern und Symbolen ist schwierig und vielseitig. Was der Traum für den Menschen bedeutet, hat Freud wieder neu entdeckt und damit eine ungeheure Wirkung ausgeübt. Er hat nicht selber Träume gedeutet, sondern unterschied zwischen Tag- und Nachtträumen. Der Patient lag auf der berühmten Couch, Freud saß im ebenso berühmten Stuhl daneben. Seine Deutung war einseitig, er fragte immer nur nach dem sexuellen Leben. Bekanntlich ist das sechste Gebot nicht das erste. Das erste Gebot ist die Liebe, es ist daher eine Übertreibung wie bei Freud, wenn man es nur darauf bezieht, was aber begreifbar ist, weil es für jeden Menschen von großer Bedeutung ist, es geht buchstäblich um Leben und Tod.

Der Vorgänger von Freud war der damals bekannte Franz Bräuer, ein jüdischer Mathematiker, der durch seine Frau katholisch geworden war und mit uns eine Wallfahrt nach Jerusalem machte. Er arbeitete als Mathematiker im Krieg in London und in Amerika bei der NASA. Ein altes Problem für mich ist die Frage nach dem Zufall und der Wahrscheinlichkeit. Es gibt eine Wahrscheinlichkeitsrechnung, die wir alle in der Schule gelernt haben. Wenn jemand im Roulette einen Gewinn oder Verlust vorauswissen will, so gebraucht der Systemspieler die Wahrscheinlichkeitsrechnung. (Der einfache Einsatz, die der berühmte und fromme Pascal erfand, ist schwarz und rot. Nach der Wahrscheinlichkeit ist dies eine einfache Chance. Sein Schulheft war voller Zahlen und er bekannte, es gehe sich niemals eins zu eins aus.) Was ist wahrscheinlich?

WEISENDE TRÄUME

Von den KZlern der Hinterbrühl leben meines Wissens noch drei: ein Pole, der uns oft besucht, und ein Franzose, der sich erst kürzlich gemeldet hat. Ein dritter, Dr. Martini, kommt jedes Jahr im Mai mit Verwandten und Hinterbrühler Freunden zu einer Feier in die Seegrotte und auf den KZ-Platz.

Ich habe mich in der Seegrotte einmal einsperren lassen. Das Licht wurde abgedreht, die Türe verschlossen. Ich erwartete Grabesstille und Grabesfinsternis.

Die Grabesfinsternis stimmte, aber die Stille nicht. Regelmäßige Wassertropfen, die herabfielen, unterbrachen die Stille. Es war so, wie es von der Hölle heißt: »Es tickt nicht nur, es schlägt immer und nimmer«, immer wird man in der Hölle bleiben und nimmer wird man in den Himmel kommen. Das Wort Höhle hängt etymologisch mit dem Wort Hölle zusammen. Die Hölle ist eine Höhle und durch das Feuer eminent verstärkt. Hölle ist die schrecklichste Form der Höhle.

Nach kurzer Zeit verlor ich das Zeitgefühl, wie es Ekstatikern und Meditierenden geschieht. Ich habe von Grabesstille gesprochen. Ich habe zweimal unter Anweisung des Totengräbers ein Grab geschaufelt. Damals gab es noch keine Bagger, wobei aber auch heute noch Handarbeit notwendig ist. Wenn du an der tiefsten Stelle des Grabes stehst, das sind zwei Meter, und die Erde hinaufschaufeln musst, gehört große Kraft dazu. Wenn du emporschaust, siehst du nur ein Stück vom Himmel. Wenn du daran denkst, dass hier deine Mutter liegen wird oder du selber, kannst du dir die Gefühle vorstellen. Ich habe sicher tausend Tote begraben, natürlich nur rituell, ich weiß, was das Umbetten im Friedhof oder in einer Gruft bedeutet. Ich war einmal auf dem Hietzinger Friedhof und besuchte ein Grab. Eben stieg der Totengräber heraus und ich fragte ihn, wie man das Umbetten aushalte. Er zeigte mir eine leere Flasche Schnaps.

Der Pole Marian erzählte mir, er habe immer wieder denselben Albtraum. Er geht in den finsteren Nächten den Gang in der Seegrotte und hört hinter sich die immer näher kommenden Schritte eines Mannes. Wenn dieser zuschlägt, erwacht Marian mit einem Schrei. Seine Frau weckt ihn dann und sagt: »Ich bin bei dir, du bist nicht im KZ.«

Ich war zum Kriegsende des Hochverrats und der Schwächung deutscher Wehrkraft angeklagt; alles Verbrechen, die mit dem Todesurteil oder, was dasselbe bedeutete, mit dem Marsch nach Mauthausen bestraft wurden. Nur der Tod Hitlers rettete mich und viele andere vor dem sicheren Tode. Jahrelang habe ich die ankommende Post sortiert und nach einem Brief mit braunem Kuvert gesucht. So sahen nämlich die Gestapobriefe aus. Es war die Angst vor KZ und dem Tod.

Die schwarze Farbe ist schlecht, ebenso wie dunkles Wasser. Angstträume sind gut, moralische Träume können es sein. Die freudisch gedeuteten Träume sind auf jeden Fall falsch oder ungenau. »Achte auf die Träume«, auch wenn sie nicht in der Höhle oder Grotte geschehen.

Die Königshöhle in Baden wurde von den Archäologen als Opferplatz erkannt. Man fand einen Brandopferplatz, der noch im 4. Jh. n. Chr. von den Bewohnern verwendet wurde.

Pilgerschaft in der Bibel

Was sagt die Bibel über die Pilgerschaft? Die Bibel ist geradezu ein Buch für den wandernden Pilger. Jesus selbst ging zu Fuß durch das Land auf seinen Missionswanderungen. Palästina ist nicht groß, das ganze Land nicht viel größer als Niederösterreich. Die Pilgerwege aber sind lang und mühsam, kaum jemand wandert heute auf Jesu Spuren. Jesus wanderte mit den zwölf Männern, unterstützt von frommen Frauen, umher. Wir kennen alle die volkstümlichen Bilder, wie er mit den Jüngern am See Beeren pflückte und Körner aß. Heute würde es Flurschaden heißen.

Moses war Anführer auf dem Weg durch die Wüste. Durch den Sinai war es ein langer Weg. Auf den Tabor, den Berg der Verklärung, kann man nur zu Fuß gehen oder mit dem Taxi fahren. Einen schönen alten Pilgerweg, den Jesus ging, gehen auch wir immer. Er führt von Nazaret nach Kafarnaum durch das Tal der Tauben. Er wird weder von den Pilgern noch von den Einheimischen gegangen.

Im Kurpark von Baden ist das so genannte Winschloch als Opferplatz festgestellt worden. Hier befindet sich eine Felsstufe aus der Römerzeit.

MÄRCHEN VOM LIEBEN GOTT

Ich habe einmal ein Buch geschrieben: Märchen vom lieben Gott. Die kirchliche Zensur heulte auf: Da behauptet einer, Gott sei nur eine Märchengestalt. Ich aber wollte sagen, dass es viele Legenden und Märchen gibt, wo Gott in menschlicher Gestalt auftritt, dabei geschieht, obwohl es dogmatisch falsch ist, dass Jesus und Herrgott immer wieder vertauscht werden. Einmal geht Jesus mit Petrus, einmal heißt es, der Herrgott.

Hat Gott Adam und Eva wirklich aus Lehm gemacht? Ein konservativer Christ sagt ja, irgendwo muss der Mensch hergekommen sein. Er ist ein Geschöpf, also muss er einen Schöpfer haben. Wenn wir das Wort Schöpfer sagen, kann viel damit gemeint sein. Etwa ein Krug Wasser vom Brunnen geschöpft, oder einer, der etwas erschafft, Himmel und Erde. Auf die Deutung oder Bedeutung kommt es an. Nach dem biblischen Bericht ist Gott in der Abendkühle im Paradies spazieren gegangen. Man stelle sich das vor. Warum wurden Adam und Eva von Gott

Die Kulthöhle über dem Hunoldsgraben, die so genannte Putschanerlucke, auch Räuberhöhle genannt. Man kommt nach dem Eingang in einen hohen Raum, der erweitert und später befestigt wurde.

versucht? Schwere Frage. Wegen des Apfelbisses wurden beide aus dem Garten vertrieben und verdammt. Wenn nicht Jesus sein Blut vergossen hätte, wie es der Vater verlangte, wären wir nicht erlöst? In einer konservativen Bibelerklärung geht das. Daran darf nichts verändert werden, sonst fällt das ganze Gebäude zusammen. Ich sage nicht meine Meinung, ich sage nur, was ich höre und lese. Auch wir Christen haben die Aufklärung erlebt und hoffentlich überwunden. Auch für uns gilt die Pflicht der intellektuellen Redlichkeit. Gott hat uns die Freiheit gegeben und unsere Entscheidung fällt durch unser Gewissen. Nach kirchlicher Lehre müssen wir selbst dem irrenden Gewissen folgen. Wo aber kommen wir hin, wenn jeder das macht? Wir kommen dorthin, wo Nietzsche gesagt hat: »Gott ist tot und wir haben ihn umgebracht.«

Moses hat mit großer Wahrscheinlichkeit gelebt, von manchen wird behauptet, dass er ein Ägypter war. Hat er wirklich Wunder gewirkt? Hat er die Heuschreckenplage herbeigeführt? Hat er mit seinen Händen das Wasser gestaut und die Juden herausgeführt aus Ägypten und durchs Rote Meer? Warum durfte er, nur

In der Steinberghöhle wurden Opfergaben aus der Hallstattzeit gefunden. Man nimmt an, dass sich auf dem Gipfel des Berges oberhalb der Höhle ein Kultplatz befand.

weil er gezweifelt hatte, dass er Wasser in der Wüste findet, das Gelobte Land nicht sehen? Sind die Juden ein auserwähltes Volk und alle anderen Völker Irrgläubige oder Ungläubige? Genau genommen sind die Christen eine jüdische Sekte. Der Historiker Ranke sagt: »Jedes Volk ist unmittelbar zu Gott.«

Ist alles, was in der Bibel steht, nur Mythos? Der Philosoph Hegel sagte, das schönste Gleichnis sei, wie Jesus über das Wasser gegangen ist. Wir nennen Gott unseren Vater und vergleichen ihn mit dem Vater des verlorenen Sohnes. Ist Gott gerecht und barmherzig zugleich? Wie ist das möglich? Nur ein Symbol, eine Metapher?

Die Juden sind ein Volk des Buches. Die Thora ist das kanonische Buch. Wir haben noch die so genannten Apokryphen. Die Protestanten haben eine Abneigung gegen Jakobus, der gesagt hat, dass die guten Werke notwendig sind, um gerechtfertigt zu werden. Was ist mit der Geschichte der Apokryphen, etwa dem Thomasevangelium, das neuerdings mehr Bedeutung hat? Die Juden diskutieren

DIE DREIDÄRRISCHENHÖHLE FINDET MAN WESTLICH VON GUMPOLDSKIRCHEN IM SIEBENBRUNNENTAL. SIE HAT NICHT ALS WOHNRAUM GEDIENT, SONDERN ALS OPFERSTÄTTE FÜR ERD- UND TOTENKULTE.

gerne über die Auslegung der Bibel, erhitzen sich dann im Gespräch so, wie sie selber in einer Geschichte erzählen: Ehe sie sich in die Haare fahren, fragt einer: »Warum haben wir gestritten?« Sie lachen beide, sie haben es vergessen.

Wir müssen versuchen aufeinander zu hören, wir müssen versuchen Antwort zu geben und wir dürfen nicht starrköpfig auf der eigenen Meinung beharren.

Am Versöhnungstag sah ein polnischer Rabbi auf die Schar seiner Gläubigen und sah einen, der im Dorf herumschrie: »Was der Rabbi sagt, ist nicht wahr und es gibt keinen Gott.« Er fragte ihn, warum er hier sei. Der kluge Jude sagte: »Weiß ich, ob ich Recht habe.«

DIE REUE DES RÄUBERS

Es war einmal ein Räuberhauptmann, der viele Untaten auf sein Gewissen geladen hatte; aber jedes Jahr einmal ging er zur Beichte. Gleich am Anfang sagte stets der Beichtvater, dass er ihn nicht lossprechen könne, wenn er nicht sein

Die Einödhöhlen in Pfaffstätten liegen am Hang des Kientales und sind den Tierknochen nach schon in der Steinzeit benutzt worden.

Leben ändere. Darüber zog der Räuberhauptmann jedes Mal den Dolch und erstach den Priester.

Das war bald bekannt und es fand sich kein Beichtvater mehr, der ihm die Beichte abnehmen wollte.

An einem Palmsonntag klopfte er nun an einem Kloster und bat um die Beichte. Der Pförtner erkannte ihn sofort und lief zum Prior, um es zu melden. Der Prior fragte die Mönche, was zu tun sei. Da meldete sich ein beherzter Mönch und sagte: »Lasst mich gehen, ich werde mit ihm fertig werden.« »Er wird dich umbringen.« »Habt keine Angst, ich werde mit ihm fertig werden.« Und er setzte sich in den Beichtstuhl und wartete auf den Räuber. Dieser beichtete seine Sünden und der Mönch fragte: »Ist das alles?« »Ja«, sagte der Räuber und griff nach dem Dolch. Der Pater sagte zu ihm: »Es ist in Ordnung, du kannst gehen; deine Buße heißt: Was du nicht willst, das man dir tu, das füg auch keinem andern zu.« Der Priester ging fort und der Räuber wusste nicht, was er tun sollte. Schließlich steckte er den Dolch ein und ging in die Höhle zurück.

Die Elfenhöhle, an einem Wanderweg in Pfaffstäten, ist durch einen Einsturz nicht mehr begehbar und dürfte kultischen Zwecken gedient haben.

Er sprach mit seinen Kameraden kein Wort und wollte von ihnen in Ruhe gelassen werden. Er ging auch mit ihnen nicht mehr auf Beute, weil er immer an den Satz denken musste: »Was du nicht willst, das man dir tu, das füg auch keinem andern zu.« Er blieb nun immer allein in der Höhle zurück und war sehr traurig, denn er musste an die vielen Verbrechen der vergangenen Jahre denken.

Dann ging er abermals in das Kloster, wo er gebeichtet hatte, und bat den Mönch, eine Lebensbeichte ablegen zu dürfen.

Der Mönch beschloss, den Räuber ein paar Tage im Kloster versteckt zu halten, um ihm Zeit zur Gewissenserforschung und Reue zu geben. Dann hörte er die Beichte des Räubers an. Als dieser endete, rief der Mönch aus: »So unmöglich es ist, dass auf dem Brunnenrand Blumen wachsen, so unmöglich kann Gott dir verzeihen.«

Der Räuber aß und trank nichts mehr und sperrte sich in seiner Zelle ein. Als man diese mit Gewalt öffnete, fand man ihn tot auf. Der Schmerz, dass er Gott so sehr beleidigt habe, tötete ihn. Ein Mönch ging zufällig zum Brunnen um Wasser

In Raisenmarkt findet man die riesige Arnsteinnadel. Sie ist neben und über zwei Höhlen. In einer fand man Reste von Tieren und Keramiken aus dem Neolithikum. Der auffallende Platz hat mystischen Charakter.

und fand am Brunnenrand die herrlichsten Blumen. Er rief alle herbei und zeigte ihnen das Wunder. Da erzählte der Mönch von seinen Worten und alle sahen mit eigenen Augen, dass Gott dem reuigen Räuber verziehen hatte.

ZEICHEN AM WEGE

Im süddeutsch-böhmischen Raum findet man an den Straßen und Wegen viele Zeichen der Frömmigkeit wie Kreuze, Marterln, Bildstöcke und anderes. Viele Jahre waren sie vernachlässigt und verfielen, manche sind bei der Flurbereinigung entfernt oder versetzt worden. Aber im Großen und Ganzen kann man sagen, dass fast alle diese heiligen Zeichen am Wege gepflegt dastehen. Es gibt eigene Institutionen der Länder, die sich um die Erhaltung der Kulturlandschaft bemühen. Viele wertvolle alte Statuen und Bilder sind verkauft oder geraubt worden. Ich selbst habe Kreuze und Heiligenbilder von Händlern gekauft und sie den Kirchengebäuden wieder zugeführt. Früher glaubte man, dass die Marterln von

Die Magdalenenhöhle liegt am Mariahilferberg bei Gutenstein. Vom Parkplatz weg gibt es einen bezeichneten Weg zur Höhle. Sie ist zu einer Andachtsstätte ausgestaltet.

den Totenleuchten kämen, an denen Lichter brannten. Beispiel dafür ist das alte Lauriacum, das jetzige Enns, oder Murau in der Steiermark. Man könnte diese Zeichen als Akkupunkturpunkte der Landschaft bezeichnen. Sie bilden ein geheimnisvolles unterirdisches Netzwerk.

Alte Straßen verlaufen nicht nach praktischen rationalen Grundsätzen, sondern sie machen Umwege, die meist durch Bildstöcke oder Kreuze gekennzeichnet sind. Heute begradigt man alles. Die Alten hatten mehr Verständnis und Gefühl, sie gingen die alten Wege, weil sie den alten magischen Netzwerken folgten. Beim Marterl, beim Bildbaum setzte man sich nieder, ruhte aus, erlebte wohltuend den Schatten großer Bäume, fromme und gottesfürchtige Menschen beteten vor den Heiligenbildern und an Seele und Leib gestärkt wandelten sie weiter. Heute kann man auf der Autobahn ohne Hindernis von Wien bis Linz in 90 Minuten fahren.

Ich habe Österreich zu Fuß in beiden Richtungen durchmessen. Ich ging von der ungarischen Grenze bei Mörbisch bis an die bayerische Grenze in der Nähe

Die Hermundurenhöhle am Osthang der Grossen Otter

von Passau. Nicht auf einmal, aber ehrlich Stück für Stück. Von Laa an der Thaya an der böhmischen Grenze marschierte ich nach Radkersburg. Am schwierigsten war die Durchquerung der Städte. Mühsam, aber verhältnismäßig leicht ist es der Donau entlang von Passau nach Linz und weiter bis zur ungarischen Grenze zu kommen. Als Student wanderte ich mit Gefährten durch halb Griechenland, ich ging zu Fuß, weil ich kein Geld mehr hatte, von Bologna nach Innsbruck. War das eine Pilgerfahrt? Durchaus nicht, aber natürlich habe ich die religiösen Zeichen der verschiedenen Länder und Völker wahrgenommen, vielleicht auch gebetet. Die großen Kathedralen muss man gesehen haben, so wie die größten und ältesten Wallfahrtsziele Jerusalem, Rom und Santiago. Ich war oft in Jerusalem, mehrmals in Rom, aber niemals in Santiago. Der spanische Dichter Lorca sagt: »Cordoba erreichst du nimmermehr.« Das gilt auch für mich, so gerne ich es noch gesehen hätte. Wer den Menschen verstehen will, der muss Don Quichotte gelesen haben. Es heißt, dass nur Männer es verstehen, den Frauen ist das Buch verschlossen, weil sie nicht zu der Selbstkritik des Mannes fähig sind. Sie müssen

Das Otterloch am Osthang der Grossen Otter

so tun, auch wenn sie es nicht wissen. Die frühesten Menschen, die sich auf den Weg machten, waren die Entdecker, die Bettler und die Pilger. Wir erinnern uns noch einmal: Die Wege nach Jerusalem trauern, weil niemand auf ihnen geht.

Wir schließen den Kreis und wenden uns der Höhle zu, von der das Wort für uns gilt: »Du findest Ruhe dort.«

Unser Weg zur Höhle

ist ein Kultweg. Jeder Kreuzweg ist ein Kultweg. Viele neue Kultwege werden geschaffen, viele auf uralten Spuren. Wir haben unseren Kultweg nicht erfunden, sondern gefunden.

Auf vielen Seen, etwa im Salzkammergut, finden Fronleichnamsprozessionen auf Schiffen statt. Priester, Volk, alles fährt auf Booten. Wunderschön! Wir haben keinen Fluss, keinen See, wo wir unsere Muttergottesstatue schwimmen lassen könnten. Manche alte Gewohnheit lässt Kultbilder einander besuchen.

Halbhöhle im Mitterotter

Dies kann auf vielerlei Art stattfinden. Auf der Insel Gozo gibt es merkwürdige Steine, die Rillen haben, die im Meer enden. Die Ansicht dürfte richtig sein, die Kultbilder sollen, wie die Volkswagen amphibienartig gebaut, auf dem Wasser schwimmen. Dass so etwas technisch möglich war, wissen wir von Stonehenge. Wir können uns heute nicht vorstellen, wie man damals die Steine in eine andere Gegend gebracht, gebrochen, über Meer und Land gezogen und an Ort und Stelle aufgebaut und einen riesigen Steinkreis geschaffen hat.

Das Berühren der Bilder aneinander bedeutet Stärkung der Kraft. Man kann von Berührungsmagie sprechen. Das gilt für die Kreuzpartikel. Das Kreuz Christi müsste riesenhaft gewesen sein, wenn man die großen Kreuzpartikel sieht und die Fülle derselben. So hat man Holzstücke an echte Kreuzpartikel gelegt. In Kärnten ist es beim Vierbergelauf Brauch, dass, wenn die verschiedenen Pilgerscharen an bestimmten Stellen zusammentreffen, die Vortragekreuze aneinander berühren. Man spricht auch vom »Kreuzküssen«. Das ist nicht nur ein Ritual, beim Berühren wird die Kraft vermehrt.

Warum geht man nicht wie bei einer Prozession langsam und würdig? Weil im Lauf eines Tages im Uhrzeigersinn, also der Sonne nach, vier Berge bewältigt werden müssen. An manchen Stellen laufen sie um die Wette. Es kommen nicht nur Pilger, es kommen in neuerer Zeit auch bis zu tausend Menschen dazu, die aus sportlichen Gründen mitlaufen. Laufen versetzt die Menschen in eine Art Ekstase, wo man die Schmerzen nicht mehr spürt.

Wir laufen nicht den Berg hinauf, wir gehen langsam und auch das in schöner Form wie bei einer Prozession.

Beim Vierbergelauf wird viermal gerastet, am Gipfel wird eine Messe gelesen, an der aber nicht alle teilnehmen. Das Allerheiligste wird nicht mitgetragen. Die Bevölkerung begrüßt die Pilger beim Eintreffen, bewirtet sie, aber alles im Laufschritt. Auf jedem Gipfel ist eine Andacht. Die Prozession beginnt am Magdalensberg und endet am Veitsberg.

HÖHLEN IM WIENERWALD

Eine Höhle gibt es am Rande des Kurparks in Baden, die nicht leicht zu finden ist. Sie ist ursprünglich und schön, ein mystischer Platz im Wald. Es gibt eine Stiege und eine steinerne Sitzbank. Man fand einen Opferaltar mit einer Opfernische, es war ein Heiligtum des Herkules. Ein Votivstein, wo Herkules mit dem Stier kämpft, ging verloren, ein Abguss steht im Museum in Mödling.

Unterhalb des Aussichtsplatzes vom Kurpark ist die Grufthöhle, in der man Skelette und eine Urne fand.

Kalkgraben, Merkenstein

Die Burg Merkenstein wurde auf einer alten Kultstätte erbaut. Unter der Burg ist eine Höhle, die eine starke Strahlung hat und von Esoterikern gerne aufgesucht wird. In der Mitte liegt eine große Felsplatte, die man als Altar oder Opferstein deuten kann. Die Höhle ist durch ein Tor versperrt. Eine zweite Höhle in der Nähe gehört zum Kultbereich.

Hinter dem Gasthaus Waldandacht in Vöslau ist eine Felsgruppe, Kaiserstein genannt. Über der überhängenden Felswand steht eine Säule mit einer Schale. Am höchsten Punkt des Felsens ist der Opferstein mit zwei Schalen. Sie sind künstlich ausgehöhlt und haben einen Ausfluss nach beiden Seiten. Weil sie schon stark verwittert sind, nimmt man ein hohes Alter für dieses Heiligtum an.

Kaiserstein

In der Nähe von Grimmenstein ist in der Nähe des so genannten Entweg eine Kulthöhle. Sie ist einen Meter tief und sehr eindrucksvoll. In neuerer Zeit hat man dort einen Andachtsplatz für die heilige Maria angebracht. Nach den Ausgrabungen ist es eine uralte Kult- und Opferstätte.

WEITERE HÖHLEN IN NIEDERÖSTERREICH

In der Nähe von Neunkirchen ist die Katzenkopfhöhle. Katzen waren der Göttin Freya geweiht und wurden ihr auch geopfert.

Auf dem Schlossberg bei Pitten ist hinter der Georgskirche eine Höhlenkirche. Sie stammt aus der Karolingerzeit und ist sehr eindrucksvoll.

In Sieding liegt in der Gösingwand südlich des Ortes die Reisserhöhle, auch Breccienkammer genannt, die in vorgeschichtlicher Zeit schon benutzt worden ist, wie Funde aus der Urnenfelderzeit beweisen.

Arnsteinnadel

Die Schwarze Lucke (Jungfrauenhöhle, Marienhöhle) liegt hundert Meter westlich des Langen Loches, drei Meter über dem Weg (in der Flatzer Wand).

Adlersteighöhle, Bojahöhle, Cerberushöhle, Mistelhöhle, Radetzky-Steinbruchhöhlen, Räuberhöhle, Schelmloch, Templerhöhle im Kalenderberg bei Mödling

Allander Tropfsteinhöhle bei Alland

Annenhöhle, Nestlerhöhle, Schafloch im Grossen Marchberg, Arnsteinhöhle im Schlossberg, Raisenmarkt

Baytalhöhle bei Gumpoldskirchen

Beinhöhle, Sattelbach

Beinlloch, Capellenhöhle, Franzosenhöhle im Kalvarienberg in Baden

Bodenbergschacht, östlicher und westlicher im Gr. Bodenberg, Rastelbinderhöhle, Richardshöhle im Heutal bei Heiligenkreuz

Bojerhöhle im Rauheneckerkogel, Rollethöhle bei Baden

Bruchfugenhöhle im Badener Stadtpark

Brühlerhöhle in der Hinterbrühl

Brunnenhöhle, Mainonihöhle in Gainfarn

Buchenloch im Ungarstein, Fuchsloch in Rabental bei Sattelbach

Burghöhle in der Arnsteinwand, Felsentörl, Grathöhle am Talhofergrat, Teufelsbadstube am Wandfusssteig, Tigerhöhle unter der Arnsteinwand, Touristenlucke, Peilstein

Dachsloch, Elfenhöhle im Pfaffstättnerkogel

Drudenwandhöhle im Helenental, Sturzloch bei Baden

Durchhöhlter Stein im Wolfstal, Jungbrunnen, Karlshöhle im Wolfstal in Baden

Franzosenhöhle, Schreiberloch in der Einöde, Stolhöhle in der Einöde bei Pfaffstätten

Einsiedlerhöhle im Gaisberg bei Merkenstein

Färberkreuzhöhle, Fechtschulhöhle, Felsensitzhöhle, Kottingbrunnersteinhöhle, Türkenbrunnen bei Merkenstein

Einsiedlerhöhle bei Rauhenstein, Baden

Eisgrabenhöhle, Kaisersteighöhle, Wurzellucke im Gaisberg bei Kaltenleutgeben

Feierhöhle, Makoterlucke bei der Spitzwiese im Höllenstein

Felsenkeller, Grenzgrabenhöhle, Kühtalhöhle, Oberschlosshöhweghöhle, Riegelhöhle, Schöpflebenhöhle im Hohen Lindkogel bei Baden

Fuchsenlucke im Rauchstallbrunnengraben bei Baden

Fuchsloch, Siebenbrunnengrabenhöhle, Siebenbrunnentalhöhle im Anninger

Gaisberghöhle, Gaissteinlucke im Gaisberg, Geoleshöhle und Höllensteinlucke im Höllenstein, Steirerlucke bei der Spitzwiese, Kaltenleutgeben

Hinterbrühler Felsentor, Hinterbrühlerhöhle, Höldrichsmühlhöhle, Kientalhöhle, Anninger

Hühnerberghöhle im Hühnerberg bei Baden

Jammerpepihöhle bei Weikersdorf, Baden

Johannesstein-Halbhöhle bei Sparbach

Koblingerhöhle, Ristlhöhle im Schenkerberg bei Gaaden

Maglothloch, Museumshöhle, Richardshöhle, Rinnloch, Zimmerhöhlen im Mitterberg bei Baden

Naturbrücke bei der Berndorferhöhle, Peilstein

Naturbrücke bei Merkenstein

Nebellöcher bei Gainfarn

Parapluieberghöhle am Parapluieberg bei Perchtoldsdorf

Pfennigsteinhöhle im Matterhörndl, Anninger

Schelmenloch im Brunntal bei Sooss

Seite 85: Mariengrotte, Hinterbrühl, Foto: F. Karl

Schichtfugenhöhle am Templersteig, Schiessstatthöhle bei Mödling

Schmetterlingsspalte in der Steinereben bei Baden

Schwarzenseehöhle am Wexenberg bei Schwarzensee

Schwarzkopfhöhle im Schwarzkopf, Schweizerberghöhle, Schweizerhöhle im Schweizerberg bei Gaaden

Seegrotte im Wagnerkogel in der Hinterbrühl

Siegenfelderhöhle bei Siegenfeld

Spalthöhle im Peilstein, Spartasteinhöhle neben dem Spartastein, Peilstein

Steinwandloch bei Mayerling

Teufelshöhle im Kalvarienberg, Teufelsloch im Urtelstein bei Baden

Wolfsgrabenhöhle im Wolfsgraben bei Baden

Zigeunerhöhle beim Talbauer in Nöstach

GESCHICHTEN VOM RABBI

Die Juden verstanden es, sehr geistreich über religiöse Fragen zu diskutieren, wie einige Beispiele zeigen sollen.

DAS HEILMITTEL

Ein Vater beklagte sich einmal beim Baal-schem-tow, sein Sohn habe den Glauben verloren. Die Antwort des Meisters war: »Liebe ihn jetzt mehr als zuvor.«

WAS MAN VOM KIND LERNEN KANN

Rabbi Bunam sagte:« »Drei Dinge können wir vom Kinde lernen, was unser Verhältnis zu Gott anbetrifft: Das Kind ist immer fröhlich. Es ist immer tätig. Schließlich bittet es ohne Scheu um alles, wessen es bedarf. So sollen auch wir im Dienste Gottes immer voll Freude sein, wir sollen in seinem Dienste immer tätig sein und schließlich sollen wir ohne Scheu Gott um alles bitten, was wir brauchen.«

SCHWEIGEN

Rabbi David Mosche von Czortkow wollte eine lange Zeit über nicht predigen. Als man ihn nach dem Grund dafür fragte, antwortete er: »Es gibt siebzig verschiedene Weisen, die Schrift auszulegen. Eine davon ist Schweigen.«

GOTT DER GÖTTER

Rabbi Baruch von Mesbiz sagte: »Gott wird von der Schrift 'Gott der Götter' genannt (Deuteronomium 10,17), um zu zeigen, dass er Gott ist über alle Begriffe hinaus, die wir von ihm haben. Er ragt über alle Vorstellungen hinaus, welche sich die Menschheit von ihm machen kann.«

DER SELBSTZUFRIEDENE ALTE

Rabbi Elimelech von Lisensk sagte: »Oft sehen wir, wie ein alter Mann, der sein ganzes Leben mit Ausschweifungen hingebracht hat, in seinen späteren Jahren die Werke der Frommen nachahmt: Er ist sparsam mit dem Essen und steht früh auf, um zu beten und Psalmen zu rezitieren. So bildet er sich am Ende ein, er sei wirklich fromm geworden. Dabei vergisst er aber, dass seine Enthaltsamkeit in Bezug auf Nahrung und Schlaf hauptsächlich daher rührt, dass sein Verlangen danach im Ganzen schwächer geworden ist. Solch ein Greis wird danach so selbstzufrieden, dass er, wie man zu sagen pflegt, sich am Ende seine eigenen Sünden vergibt. Das Ergebnis ist schließlich, dass er ohne wahre Reue stirbt. Möge Gott uns vor einem solchen Schicksal bewahren!«

DAS FÜNFZIGSTE TOR

Der Baal-schem-tow sagte: »Wir lesen im Talmud, dass von den 50 Toren der Erkenntnis, die es gibt, Mose 49 offen standen. Doch wie verhielt sich nun Mose, da der Mensch ja immer mehr wissen will? Als er das fünfzigste Tor für den menschlichen Geist verschlossen fand, begnügte er sich hier mit dem Glauben und wandte sich wieder den Bereichen der Erkenntnis zu, die ihm offen standen.

So sollte jeder Mensch seinen Geist im Zaume halten. In seinem Studium und seiner Reflexion sollte er zwar bis an die äußerste mögliche Grenze vordringen. Wenn er aber an diese Grenze des Verstehens gekommen ist, dann sollte er dem Glauben seinen Platz geben und sich mit dem Erkenntnisbereich begnügen, der ihm offen steht.

Der Unterschied zwischen einem einfachen Mann und einem Gelehrten ist ja letztlich nicht groß, sondern besteht nur in ein bisschen mehr oder weniger Denkvermögen. Für den Einfachen gilt zwar der Satz der Schrift: 'Der Einfältige glaubt jedes Wort' (Sprüche 14,15), andererseits heißt es aber auch in der Schrift: 'Der Herr behütet die Einfältigen' (Psalm 116,6).«

DIE KIRCHEN LEEREN SICH

Wir haben in der Kirche viele Probleme, theoretische und praktische. Im gesamtdeutschen Kirchenraum ist das aufregendste der steigende Abfall der Gläubigen. Es sind schon so viele aus dem Haus der Kirche ausgezogen, als es heute praktizierende Katholiken gibt. Ich möchte sagen, der Abfall ist verständlich, es ist militärisch gesprochen Grenzbegradigung. Was uns mehr zu schaffen macht, ist, dass die Kirchen als Gebäude sich leeren, dass immer weniger am Sonntag in die Messe kommen.

Betroffen nehmen es Gläubige wahr, dass plötzlich jemand ausfällt, der immer neben ihnen gesessen ist, betroffen sind Eltern, wenn ihre Kinder nicht mehr wollen. Betroffen sind vor allem Priester, die sich fragen: Was haben wir schlecht gemacht, wo liegt die Schuld? Da sind Leute zehn oder zwanzig Jahre Sonntag für Sonntag vor mir gesessen, ich habe sie getauft, sie waren in der Katholischen

Jugend, waren zum Teil mit mir befreundet, echte Mitarbeiter, und jetzt bleiben sie plötzlich aus. Manche kommen noch zu den großen Feiertagen, sie treten nicht aus der Kirche aus, aber sie bleiben dem Gottesdienst fern. Wie kann ich das verstehen, was können wir tun, um die anderen zu halten, wie weit sind wir selber schuld?

Ein Theologieprofessor an einer berühmten deutschen Universität hilft am Sonntag in einer Kirche am Rande der Stadt aus. Er sagte vor kurzem: »Wir haben noch vier Jugendliche und fünf Kinder am Sonntag in der Messe. Ich zittere, dass auch sie ausbleiben.«

Ich habe zwei große Kirchen. Bis vor etlichen Jahren bekam bei der Sonntagsmesse nur der einen Sitzplatz, der rechtzeitig kam. Die anderen standen am Rande. Jetzt haben auch die Letzten noch eine Auswahl an freien Sitzen. Die Kollegen klagen ebenso.

Warum gehen die Menschen nicht mehr in die Kirche? Dieser Frage nachzugehen lohnt sich. Nicht dass wir kurzfristig fertige Rezepte vorlegen können, aber nachdenken müssen wir darüber.

Es liegt nahe, dieses Problem mit dem steigenden Austritt aus der Kirche in Verbindung zu bringen. Sie haben einiges gemeinsam und doch muss ein Prozess vom andern getrennt gesehen werden. Die am Sonntag nicht kommen, haben nicht im Sinn auszutreten.

DIE SÄKULARISATION

Als Grund für den Rückgang des Kirchenbesuches wird vor allem die Säkularisation angegeben. Darin steckt das lateinische Wort Saeculum, was so viel wie Welt oder Weltzeit bedeutet. Es hat einen Zusammenhang mit dem Wort profan. Profan ist das Gegenteil von religiös. Fanum ist das Heiligtum und Profanum ist das, was außerhalb des Heiligtums liegt, die Welt.

In den alten Kulturen gab es im strengen Sinn nichts Profanes, alles war mit dem Heiligen, mit der Religion verbunden. Die Religion durchdrang das tägliche Leben und den Ablauf aller Dinge. Säkularisierung hat etwas mit Aufklärung zu tun und Aufklärung bedeutet immer Änderung eines geistigen Zustandes, des Zeitgeistes. So ähnlich war es am Ende der Antike, als man an die alten Götter Homers nicht mehr glaubte und sich davon freimachte. Die Gegenströmung zur Säkularisation ist der moderne Fundamentalismus, wie er sich besonders im Islam mit allen seinen gesellschaftlichen und politischen Auswirkungen zeigt. Ob der Fundamentalismus Zukunft hat, ist fraglich.

Säkularismus bedeutet Schwund des Glaubens und Hinwendung zur Welt. Als man im Humanismus den Mensch in den Mittelpunkt des Denkens und Lebens stellte, wandte man sich in gleichem Maße von Gott ab. Dieser Vorgang der Verweltlichung und Entfremdung von den religiösen Wurzeln geschah nicht bewusst und mit Absicht, sondern war ein Vorgang, etwa dem zu vergleichen, dass Kinder, groß geworden, sich der Autorität der Eltern entziehen und ihr eigenes Leben aufbauen.

Wenn in gewissen Kreisen eine gewisse verächtliche Meinung über die Säkularisation herrscht, ist es als Ressentiment zu verstehen; wenn Eltern ihren Kindern nachtrauern und vielleicht auch ein wenig böse sind über den Abstand, den sie mit der Zeit einnehmen, auch.

Es hat keinen Sinn, und es ist unrecht und unchristlich, diesen Prozess nur negativ zu sehen, er muss realistisch wahrgenommen und es muss versucht werden, darauf entsprechend zu reagieren. Wichtig aber ist die Analyse. Dass man sich klar wird, was vor sich geht, soweit das überhaupt möglich ist. Das Ganze ist nicht so sehr ein absichtlicher Vorgang, sondern hängt von einer allgemeinen Stimmung und der Kultur einer bestimmten Zeit ab. Wenn man weiß und überzeugt ist, dass der Mensch nicht von Adam und Eva abstammt, dass die Bibel von Menschen geschrieben worden ist, dass Gott nicht unmittelbar spricht, wie es der naive Gläubige durch Jahrhunderte geglaubt hat, wenn das Leben in der Welt leichter, schöner, faszinierender geworden ist, dann muss auch etwas Positives in dieser Entwicklung gesehen werden. In einer Welt, in der es Autos, Waschmaschinen und Telefon, Fernsehen und Raumschifffahrt gibt, in einer Welt, die imstande ist, sich selber zu vernichten, wo man das Versagen des alten Glaubens nicht nur erlebt, sondern festgestellt hat, dass der Himmel nicht mehr oben und die Hölle nicht mehr unten ist, da ist es schwer, die alten Glaubensbilder und Symbole aufrechtzuerhalten. Wenn man früher in Not und Krankheit Gott und die Heiligen angerufen hat, so geht man heute zum Arzt und sucht natürliche Lösungen und findet sie weitgehend auch. Der Prozess der Säkularisierung und Verweltlichung ist in vollem Gange, aber längst nicht abgeschlossen. Er betrifft nicht nur andere, er hat auch uns erfasst. Die Tendenz läuft eindeutig in der eingeschlagenen Richtung, der zunehmenden Verweltlichung, weiter.

Die Religion wird an den Rand gedrängt. Man hat keinen Ersatz für sie gefunden, aber man erlebt ihr Fehlen nicht mehr als Mangel, sondern weitgehend als Befreiung. Ein junger Mensch, der das Elternhaus verlässt, eine eigene Wohnung bezieht und materiell selbstständig wird, verändert sich nicht nur äußerlich, sondern auch innerlich.

Es ist ein schlechter Vergleich, der nach vielen Seiten hin hinkt, aber doch in primitiver Weise den Wechsel im Leben und im Bewusstsein der Menschen angibt. Zu Beginn der russischen Revolution wurde erzählt, dass auf dem Feld eines Kulaken, also eines selbstständigen Bauern, eine Tafel angebracht war, auf der stand: »Mit Gott«, und daneben war ein anderes Feld mit schönerem Getreide und der Tafel: »Mit Kunstdünger«. Wie weit die Russen ohne Gott und mit Kunstdünger gekommen sind, wissen wir heute. Der Bolschewismus ist innerlich und äußerlich überwunden, obwohl noch starke Reste vorhanden sind. Die Leere, die durch Propaganda für den Atheismus und die Unterdrückung der Religion entstanden ist, ist nicht durch eine neue Religiosität ersetzt.

In den neuen deutschen Bundesländern gibt es doppelt so viele Menschen, die sich als Nichtchristen bezeichnen, wie Christen, und die Nikolaikirche in Leipzig ist wieder so leer, wie sie vorher war. Es ist interessant, die Geschichte des Begriffes Säkularisation zu verfolgen. Ursprünglich verstand man darunter nichts anderes als die Trennung von Kirche und Staat, vor allem die Enteignung der großen kirchlichen Besitzungen. Der Staat löste Klöster und geistliche Fürstentümer auf und übernahm den Besitz. Das ist der Ursprung des Begriffes Säkularisation. Im weiteren Sinn aber meint man damit das Zurückdrängen des äußeren und inneren kirchlichen Einflusses, die Befreiung des Menschen. Religion wird dem Einzelnen zugestanden, den Kirchen auch, aber gleichsam als Insel im Staat. Wenn der junge Mensch aus dem Elternhaus auszieht, gewinnt er große Vorteile. Vor allem ist er frei und auf sich gestellt. Materiell und geistig nicht mehr abhängig von den Eltern, muss er nicht mehr tun, was sie wollen und nicht mehr denken, fühlen und handeln wie sie. Ganz frei wird er nie werden, denn die entscheidenden Eindrücke, die er in der Kindheit und Jugend bekommen hat, wird er nie loswerden. Die Möglichkeit jetzt, sein Leben nach den eigenen Bedürfnissen und Ideen einzurichten, ist enorm. Dass er dabei auf Vorteile verzichtet, die er früher hatte, die Geborgenheit in der Familie, die materielle Sicherheit, muss er auf sich nehmen, das muss es ihm wert sein.

In diesem Zusammenhang kommen wir auf unser spezielles Thema zurück: Viele junge Menschen, die von den Eltern gezwungen worden sind, ihre Einstellung und ihr religiöses Verhalten zu teilen, empfinden es jetzt als Wohltat, dass sie frei sind und nicht mehr mit den Eltern in die Kirche gehen müssen.

Dass sie bei bestimmten Anlässen, etwa den Festen, mit Wehmut zurückdenken, ist die andere Seite.

Es gibt eine doppelte Sicht von Mittelalter. Die eine Seite ist es, vom finsteren Mittelalter zu reden, das geprägt war von kirchlichem Zwang und abergläubischem Brauchtum, und die andere Sicht, wo es in seiner Buntheit und seinem Reichtum an Formen als ein Ideal gesehen wird, ein Paradies, das wir verlassen haben und nicht mehr erreichen können. Auf jede Aufklärung folgt eine romantische Wende. Aber es führt kein Weg zurück.

Verweltlichung hat mit Rationalisierung zu tun. Man hört auf den Verstand mehr als auf das Gefühl. Es ist auch ein Vorgang in irrationaler Tiefe, es verkümmern Dimensionen, die wahrscheinlich zum Urmenschlichen dazugehören. So wie man nicht vom Brot allein leben kann, kann man nicht allein von rationalen und materiellen Werten und Gütern leben.

Doch auch diese Aussage ist einseitig. Wir müssen die Säkularisierung als Tatsache und Ausdruck der freien Entscheidung der Menschen hinnehmen. Statt Vorwürfe zu machen über ihren Abfall und Auszug aus dem Haus des Glaubens müssen wir uns fragen, was wir versäumt haben. So wie Eltern sich fragen müssen, warum ihre Söhne und Töchter, die ausgezogen sind, so wenig Zuneigung und Hinwendung zeigen.

Die irrationalen Wurzeln der Verweltlichung, des Verlustes der religiösen Mitte des Lebens, sind eine Änderung der Gesamtsituation, der Großwetterlage, deren Wurzeln nicht zu durchschauen sind. Wir dürfen es uns nicht zu einfach machen. Die Klimawechsel der Vergangenheit sind nicht von Menschen gemacht worden. Die letzte Eiszeit war vor 10.000 Jahren. Wann kommt die nächste? Es scheint jetzt, als könnte sie diesmal von Menschen gemacht werden.

Warum kommt sie? Wir wissen es nicht. Das Christentum hat sich in einer bestimmten Welt- und Zeitsituation wie ein Flächenbrand ausgebreitet. Heute erleben wir sein Zurückziehen und Erlöschen. Bedenken wir, dass einmal dort, wo heute der Islam ist, in Vorderasien und Nordafrika, christliches Kernland war. Wie christlich ist Europa noch?

Kann man sagen, alles hat seine Zeit? Es gibt eine Zeit der Blüte und eine Zeit des Verwelkens, es gibt einen geistigen und einen religiösen Frühling, Herbst und Winter. Unbeantwortbare Fragen. Was aber nicht heißt, dass wir uns resigniert abfinden, die Hände in den Schoß legen und mehr oder weniger geduldig warten, bis sich alles von selber ändert. Der Vorgang geschieht ja nicht nur außerhalb von uns, sondern betrifft uns selber. Die Säkularisierung und Profanisierung der Welt betrifft auch die Kirche und die Gläubigen.

Die biblische Religion ist wahrscheinlich nicht unschuldig am Prozess der Verweltlichung. Dazu wird auf das berühmte Bibelwort hingewiesen, das Gott in den Mund gelegt ist: »Wachset und mehret euch und erfüllt die Erde und macht sie euch untertan.« Damit hat Gott dem Menschen die Macht über die Welt übertragen und ihn in eine gewisse Freiheit entlassen.

Mehrfach ist auf die religiösen und biblischen Wurzeln von Aufklärung, Humanisierung und Profanisierung der Gesellschaft und unseres Lebens hingewiesen worden. Die Ideen der Aufklärung, die Menschenrechte wie Freiheit, Gleichheit und Brüderlichkeit haben zweifellos echte und tiefe christliche Wurzeln. Im Christentum ist nicht nur ein Modell der Gesellschaft, des menschlichen Lebens und der Kultur vorhanden, sondern mehrere. Wenn zu verschiedenen Zeiten etwas anderes stärker betont wird, muss man es hinnehmen und es zu bewältigen suchen. Die Trennung von Kirche und Staat hat nicht nur den Einfluss der Kirche vor allem als Institution vermindert, sie hat auch neue Wege zur Verinnerlichung und Befreiung gezeigt. Wenn Geistliches und Weltliches zusammengehen, kann es sehr schön und fruchtbar für die Menschen sein. Es birgt aber auch große Gefahren, wie die Geschichte gezeigt hat. Zumal, wenn sich das Christentum zu sehr institutionalisiert hat und die Grenzen seines Anspruches und seiner Autorität auf alles erhoben hat. Wie es machtbewusste Päpste verkündet haben: So hoch der Himmel über der Erde, so hoch ist die geistliche Macht über der weltlichen. Im historischen Kampf zwischen dem Reich Gottes und dem Reich dieser Welt hat Letzteres gewonnen, die Kirche ist nur in einer Hinsicht ärmer daraus hervorgegangen, wenn sie an Ansehen, Macht und Reichtum verloren hat. Sie hat neue Bereiche wieder entdeckt, für die sie zuständig ist, die ihr vom Stifter übergeben worden sind. Das Reich Gottes ist nicht von dieser Welt und die Kirche kann sich nicht in direkter Form als Instrument Gottes empfinden und erklären. Gott hat viele Wege, die wir nicht kennen und die Kirche hat kein Monopol über den Geist und das Herz der Menschen. Sie muss sich immer neu als eine Dienerin an den Ideen ihres Stifters verstehen und bewähren.

Wenn wir zum Vergleich die Zeit der ausgehenden Antike heranziehen, so sehen wir, dass mit dem Abbröckeln des alten Glaubens eine neue Sehnsucht nach Verinnerlichung, Askese und religiöser Bindung entstanden ist. Pythagoras und die Stoiker haben die Aufnahme des Christentums entscheidend vorbereitet, aber auch wichtige Elemente an das Christentum weitergegeben.

Ähnlich war es bei anderen Völkern wie den Germanen und Slawen. Ihre Götter waren verblasst und die Menschen waren bereit und reif, eine neue Form des Glaubens zu finden und zu übernehmen. Die Stunde des Christentums war für sie gekommen.

24.08.2001 - NB

HAPPY FOTO DIMAX QUALITY

CHANCEN DES CHRISTENTUMS

Es wäre falsch, wenn wir warten, dass die bösen Kinder, die Befreiung von Kirche und Zwang gesucht haben, reumütig zurückkehren. In das alte Haus werden sie bestimmt nicht einziehen. Das ist für immer vorbei. Die Christen müssen aufräumen und umräumen, sie müssen Fenster und Türen öffnen, die Stickluft der Vergangenheit durch frischen Wind hinausblasen lassen und so neue Möglichkeiten für eine Begegnung für den Menschen der Gegenwart oder Zukunft schaffen. Vielleicht hatte das Christentum niemals so große Chancen wie heute. Das gilt nicht so sehr für heute wie für morgen. Wir dürfen nicht glauben, dass solche Prozesse schnell und plötzlich vor sich gehen und dass sie so ablaufen, wie wir es uns denken und wünschen. Das Ende des Faschismus hat keine Christianisierung Deutschlands gebracht. Der Zusammenbruch des Kommunismus hat zwar neue Möglichkeiten für die Christianisierung unserer Welt geschaffen, aber Ergebnisse fehlen noch. Der Übergang ist nicht gelungen. Der Prozess der Verweltlichung, der Entfernung der Menschen von der Kirche geht weiter.

Es ist eine trügerische Hoffnung von uns zu erwarten, dass in nächster Zeit eine Trendwende eintritt und dass die Scharen, die das Haus verlassen haben, wieder zurückströmen werden. Das alte Haus unseres Glaubens und unserer Institution ist nicht abbruchreif in dem Sinn, dass bis zum Fundament alles niedergerissen werden muss, aber es sind riesige Anstrengungen und Änderungen notwendig, eine Erneuerung der Christenheit an Haupt und Gliedern. Das ist das Erste, was geschehen muss. Dann kann es zu einer Neubegegnung kommen, dann werden wir vielleicht jene Form finden, die die Kirche wieder einladend macht: dass Alte zurückkehren und Neue Heimat finden.

Ein kirchengeschichtliches Wunder war das Zweite Vatikanische Konzil. Da hat man aufgehört, die Welt zu verfluchen und die Zeitirrtümer nach vermeintlich christlichen Regeln zu verdammen, man hat sich offen gezeigt für Reformen im Innern und eine neue Begegnung mit den Menschen und der Welt von heute. Dieser Umschwung und die Änderung des Klimas in der Kirche, vor allem in der Führung, war so bedeutend, dass der Schock darüber erst später kam, der uns heute in einer rückläufigen Bewegung viel zu schaffen macht und die Geister und Herzen von Menschen verwirrt.

War alles voreilig, was im Konzil besprochen und versprochen worden ist? Müssen wir etwas davon zurücknehmen, um unsere Identität zu bewahren? Oder müssen wir uns auch in dieser Hinsicht nach dem Jesuswort verhalten: Wer sein Leben retten will, der wird es verlieren, wer es aber verliert um meinetwillen, der wird es gewinnen.

Wir können nicht vereinfachend sagen: Die Welt ist schlecht und das Reich Gottes ist gut, wie es die Kirche sagt. Es ist viel komplizierter.

Im zweiten Teil des Faust von Goethe steht die Geschichte von Philemon und Baucis. Sie sitzen auf der Bank vor dem kleinen Landgut, das ihnen gehört, und Goethe lässt sie sagen:

»Lasst uns zur Kapelle schreiten,
letztes Abendlicht zu schaun,
lasst uns läuten, knien und beten
und dem alten Gott vertraun.«